U0614279

# 铁路通信工程施工
# 与通信系统分析

任　超　庞萌萌　刘　锐　著

吉林科学技术出版社

**图书在版编目（CIP）数据**

铁路通信工程施工与通信系统分析 / 任超，庞萌萌，
刘锐著 . -- 长春 : 吉林科学技术出版社 , 2024. 6.
ISBN 978-7-5744-1526-3

Ⅰ . U285.21; TN914

中国国家版本馆 CIP 数据核字第 2024KS3069 号

# 铁路通信工程施工与通信系统分析

| | |
|---|---|
| 著 | 任 超 庞萌萌 刘 锐 |
| 出 版 人 | 宛 霞 |
| 责任编辑 | 潘竟翔 |
| 封面设计 | 刘梦杏 |
| 制 版 | 刘梦杏 |
| 幅面尺寸 | 170mm×240mm |
| 开 本 | 16 |
| 字 数 | 150 千字 |
| 印 张 | 8.75 |
| 印 数 | 1~1500 册 |
| 版 次 | 2024年6月第1版 |
| 印 次 | 2024年12月第1次印刷 |

| | |
|---|---|
| 出 版 | 吉林科学技术出版社 |
| 发 行 | 吉林科学技术出版社 |
| 地 址 | 长春市福祉大路5788号出版大厦A座 |
| 邮 编 | 130118 |
| 发行部电话/传真 | 0431-81629529 81629530 81629531 |
| | 81629532 81629533 81629534 |
| 储运部电话 | 0431-86059116 |
| 编辑部电话 | 0431-81629510 |
| 印 刷 | 三河市嵩川印刷有限公司 |

| | |
|---|---|
| 书 号 | ISBN 978-7-5744-1526-3 |
| 定 价 | 52.00元 |

版权所有 翻印必究 举报电话：0431-81629508

　　铁路工程建设规模大、施工人员分散、流动性强、机械化程度低、劳动强度高、安全管理人员数量少、临时设施多、职业卫生条件差，加之新材料、新技术、新工艺、新装备的大量采用，安全管理任务重，难度大。推行铁路建设标准化管理，推行高速铁路通信精品工程建设，有效提升高速铁路通信工程的设计、施工和维护管理水平，高要求、高质量、高标准、高效率地完成铁路通信工程的建设和维护接管任务，是贯彻中国铁路总公司"强基达标，提质增效"的工作主题，是提升铁路现代化管理水平的重要途径，是努力践行"交通强国，铁路先行"理念的重要内涵和必然选择。

　　铁路数字移动通信系统（GSM-R）是铁路调度通信和铁路信息化的基础通信平台。我国铁路已经基本建成覆盖高速铁路、重载铁路的 GSM-R 网络。GSM-R 网络实现了铁路调度语音通信，列车控制、列车进路预告、无线调度命令、无线车次号校核等信息传送，在铁路运输生产和铁路信息化中发挥着重要作用。

　　GSM-R 是在公网 GSM 标准基础上，通过增加铁路调度通信功能和高速环境组成要素而建立起来的技术体制。它是开放性技术，随着业务需求的发展，我国积极开展了基础理论的研究工作和应用技术条件的制定工作，推进设备及终端的国产化，并大力开发铁路新应用。同时，把握工程关键，合理制定工程设计指标及验收指标，注重工程后期的无线网络优化与运营维护工作。对世界铁路 GSM-R 的发展有着积极的推动作用和拉动效应。

　　本书是关于铁路通信工程施工与通信系统分析方面的学术用书，由浅入深地阐述了铁路通信线路工程施工，系统地论述了高速铁路传输网、高速铁路数据通信网等，就铁路综合视频监控系统有针对性地提出了进一步改进工作的意见与建议，为铁路通信工程与通信系统提供了新思路。本书着重讲述了基本概念与基本原理，在写作时尝试多方面知识的融会贯通，注重知识层次递进，同时注重理论与实践相结合，适用于铁路通信施工相关工作的专业人士。

　　由于时间仓促，作者水平有限，书中难免存在疏漏之处，恳请各位读者批评指正。

# 目录
CONTENTS ▶

# 第一章  铁路通信线路工程施工

## 第一节  光电缆径路复测

光电缆径路复测适用于铁路通信光电缆径路复测作业。

### 一、作业条件及施工准备

(1) 施工定测已经完成。

(2) 施工图已经收到，图纸审核已经完成。

(3) 项目部已经成立，已对相关管理人员进行施工合同交底。

(4) 技术人员对工程承包形式、施工图预算及工程数量进行学习和审核。

### 二、工序流程及操作要点

#### (一) 工序流程

施工准备→审核定测台账及设计图纸→光电缆径路复测→编制径路复测台账。

#### (二) 操作要点

(1) 光电缆径路复测要以光电缆径路定测台账和设计图纸为依据。无特殊情况，不对光电缆径路进行大的径路变更。如遇特殊情况进行大的变更时应按设计变更的相关要求办理。

(2) 使用百米测量绳对光电缆径路按施工技术标准进行实地测量并做好记录。

(3) 复测过程中确定好光电缆径路的位置、长度，光电缆防护方式，数量，过路过轨地点及障碍点情况、接头位置，余留位置及长度、人 (手) 孔位置等并做好记录，同时用红油漆标示于涵洞等永久建筑上，为下一步施工打好基础。但在标示过程中不能破坏环境及影响建筑物观瞻。

（4）对于径路上的各种既有管线、设施等情况要了解和调查清楚，并做好详细记录。防止施工过程中对既有管线和设施造成损坏。

（5）详细调查区间线路设备位置、管道光电缆占用管孔位置，通信槽道贯通情况等并做好记录。

（6）径路复测过程中要对沿线道路交通、水文地理、民风民俗、环境及文物保护等情况进行调查。

（7）径路复测完成后要形成详细的光电缆径路复测台账。

**（三）施工方法**

（1）首先组织相关人员审核施工合同，熟悉工程预算，以便于光电缆径路复测过程中更好地确定施工方案等。

（2）组织技术人员对设计文件及定测台账进行审核，掌握设计意图，了解线路情况。

（3）对参加光电缆径路复测的所有人员进行技术交底及安全培训，详细分工。

（4）准备径路复测所需的设计图纸、定测台账、百米测量绳、皮尺、标签、油漆、排笔、台账草图纸等。

（5）从施工区段的一端开始，根据定测台账路由，利用百米测量绳对光电缆径路进行径路复测。

（6）测量过程中拉绳人员要与作图人员协调配合，前端拉绳人员根据后端拉绳人员的口哨口令插标签，在后端拉绳人员收标签时，随时核对标签数量，始终保持10根标签，用完10根标签后末端拉绳人员将标签全部交到前端拉绳人员手中，以便统计核对，免于出现差错。

（7）径路复测的内容应包括：

① 丈量核对径路实际长度（包括各种余留）；

② 根据定测台账核定光电缆路由走向及敷设位置，并标明光电缆径路与固定建筑物的间距；

③ 核定光电缆穿越铁路、公路、河流、湖泊、地下管线等障碍物的具

体位置和防护措施；

④ 确定桥梁上、隧道内等特殊地段的光电缆单盘长度及接头位置等；

⑤ 核定土质情况，大概确定标桩埋设位置等；

⑥ 调查线路通信槽道贯通情况；

⑦ 调查径路附近既有地下设施的走向及大致位置，并记录在复测台账上；

⑧ 核对管道光电缆占用管孔的位置等；

⑨ 调查和确定区间线路设备位置；

⑩ 调查施工沿线道路交通，水文地理、民风民俗、环境及文物保护等状况对施工的影响因素；

⑪ 找出定测台账中标注不明确的问题并记录。

（8）径路复测过程中确定好光电缆径路的位置、光电缆防护方式，过路过轨地点以及线路设备位置后，用红油漆标示于涵洞等永久建筑上，以便于下一步施工。但在标示过程中不能破坏环境及影响建筑物观瞻。

（9）在光电缆径路复测过程中无特殊情况，不对光电缆径路进行大的径路变更。如遇特殊情况不能按设计选择路径时应与设计、建设（或监理）单位协商确定并提出设计变更。

（10）做到边复测边记录边作图，每日复测收工后要对复测结果及图纸进行整理和核对。

（11）最终形成光电缆径路复测台账。

（12）详细列出径路复测台账与定测台账的不同，根据工程承包形式，采取必要的措施，以有利于施工和保证工程质量为前提，进行必要的设计变更及工程量追加等。

### 三、质量控制标准及检验

#### （一）质量控制标准

（1）光电缆径路复测要以设计图纸和定测台账为依据，在允许范围内可做小范围平移；遇施工障碍时，光电缆径路可做小范围迂回。遇特殊情况需进行大的调整时应与设计、建设（或监理）单位协商确定并提出设计变更。

（2）光电缆径路的选择要符合铁路通信施工技术指南和验收标准的要求。

## （二）检验

（1）对照光电缆定测台账和光电缆径路复测台账，检查复测台账是否完整，径路变更较大时是否提出了设计变更。

（2）根据光电缆径路复测台账，检查光电缆径路选择及防护方式是否合理。

（3）通过观察、尺量，检验光电缆径路是否避开电站、变电所、电台、油库、靶场、军事设施等。

# 第二节　光缆单盘测试及配盘

## 一、作业条件及施工准备

（1）测试仪表经计量检验合格，并在计量检验有效期内。

（2）已对施工人员进行施工图纸、光缆订货合同、光缆参数及指标、定测台账、径路复测台账等技术交底。

（3）光缆单盘出厂资料齐全。

（4）测试人员熟练掌握相关规范、技术标准以及仪表的正确使用方法。

## 二、工序流程及操作要点

### （一）工序流程

施工准备→收集出厂资料并审核→光缆外观检查→光缆开头、端别确认→汇总测试资料及出厂资料→测试光缆盘长及光纤衰减→设置OTDR参数→光缆配盘。

### （二）操作要点

（1）光缆到货后，收集随盘的合格证及出厂测试资料并妥善保管。

（2）所有光缆都要进行单盘测试，不得抽测，将单盘测试资料填写完整并妥善保管。

（3）用红油漆将光缆端别标注于光缆盘的醒目位置。

（4）测试之前应首先对光时域反射仪的折射率等测试参数进行设置，折射率由光缆厂家提供。

（5）每个工程的光缆测试指标有所不同，测试人员应提前掌握设计和订货合同中的光缆指标。

（6）应用 1310nm 波长进行光缆长度测试。应用 1310nm 和 1550nm 两个波长分别对光纤衰减进行测试。

（7）利用 OTDR 进行测试，应加 1～2km 的标准光纤辅助测试，以消除 OTDR 的测试盲区。

（8）单盘测试完毕应将光缆头做密封处理。对不符合要求的光缆在缆盘上做醒目标注，并不得使用。

（9）光缆配盘应综合考虑各种条件，工程中若存在水线、防蚁、加强型光缆应优先配盘。

（10）同一中继段内，应使用同一工厂、同一型号的光缆，尽量按出厂序号的顺序进行配盘，以利于提高光纤熔接质量。

（11）光缆配盘时应安排好光缆接头位置，直埋光缆接头位置应安排在地势平坦、地基稳固地段，无特殊情况应避开桥梁、隧道、水底、道路等，特殊情况下应按设计要求进行配盘。管道光缆接头位置应避开繁忙道口。架空光缆接头位置应安排在杆上或杆两侧 1.5m 以内。

**（三）施工方法**

1. 检查与准备

（1）收集所有光缆单盘出厂合格证和测试资料，对照订货合同及施工设计规定进行检查，指标应符合要求。光缆的出厂测试记录应作为原始数据收集，并汇总至竣工文件，不能遗失。

（2）检查光缆盘包装是否损坏，然后开盘检查光缆外皮有无损伤，光缆端头封装是否完好，对于包装严重损坏或光缆外皮破损严重的，应做详细标记，在光缆性能指标测试时，重点检查。核对单盘光缆的规格、程式和制造长度是否符合订货合同规定或设计要求。

（3）对使用的仪表、工具进行检查，确保性能指标正常。

（4）光时域反射仪（OTDR）在计量检定有效期内，仪表所用电源安全可靠。

2. 光缆开剥

（1）用断线钳切除光缆盘外端一侧的光缆端头，注意不能使用钢锯锯断光缆，以免拉断光纤。

（2）量出便于光缆测试的长度，用环切刀环切外护套，折断并抽出外护套。

（3）用刀片环切内护套，轻轻折断内护套将其抽出，若护套过紧，可分多段处理。

（4）剪去包层，切除光纤外塑管，露出光纤，用酒精棉擦拭干净。

（5）判断光缆 A、B 端并在光缆单盘测试表格上做记录，同时用红油漆在光缆盘上做出醒目标注，标注格式可采用"A 内"或"B 内"。

3. 测试

（1）用酒精棉擦拭光纤后，再用光纤切割刀制作光纤断面。

（2）将制作好断面的光纤放入光纤接线子内对准，接线子另一端连接与光时域反射仪（OTDR）连通的辅助光纤。

（3）设置 OTDR 测试范围、测试脉宽、折射率等参数，进行测试。具体测试按 OTDR 说明书进行操作。

（4）在 1310nm 波长测试光缆单盘长度，在 1310nm 和 1550nm 波长分别测试光纤双向固有衰减。

（5）单盘光缆测试指标，按设计要求及购货合同确定。

（6）填写光缆单盘测试记录表，记录表应包括光缆型号、盘号、盘长、折射率、端别、测试仪表、测试人、测试日期、光纤衰减、光纤长度、外观检查、测试结论等内容。

4. 光缆端头密封

测试完所有光纤后，用断线钳切除开剥部分，用热缩帽对端头做密封处理，及时复原光缆盘保护层。

5. 光缆配盘

（1）将单盘测试资料、出厂资料进行汇总，综合考虑各种因素，进行光缆配盘。

（2）同一中继段内，使用同一工厂、同一型号的光缆，尽量按出厂序号的顺序进行配盘，以降低接续损耗。

（3）若存在水线、防蚁、加强型光缆应优先配盘。

（4）无特殊情况，靠通信站两侧的单盘光缆长度不少于1km。

（5）合理安排接头位置，无特殊情况应避开桥梁、隧道、水底、道路等，特殊情况下应按设计要求进行配盘。管道光缆接头位置应避开繁忙道口。架空光缆接头位置应安排在杆上或杆两侧1.5m以内。

（6）配盘过程中应考虑好过轨、过路、过河，沟渠、桥隧、进站、接头等处的光缆余留。

（7）将配盘结果填入中继段光缆配盘图，按配盘图在选用的光缆盘上用红油漆标明该盘光缆所在中继段及光缆配盘编号。

## 三、质量控制标准及检验

### （一）质量控制标准

（1）光缆到货后检验其型号、规格、盘长、数量等应符合设计要求、订货合同及相关技术标准的规定。

（2）电缆及电缆盘外观应完整，无破损、机械损伤、霉烂脱落等缺陷；电缆塑料护套无破损开裂、硬化变质。

（3）所有光缆应全部进行单盘测试，不得抽测，测试指标应符合设计要求、订货合同及相关技术标准的规定。对不符合要求的光缆在光缆盘上做醒目标注，并不得使用。

（4）任何时候都不能使用钢锯锯断光缆，以免拉伤光纤，应使用专用断线钳。

（5）在开盘和测试过程中光缆的弯曲半径不应小于光缆外径的20倍。

（6）光缆应尽量做到整盘配盘，减少接头数量。同一中继段内，应使用同一工厂、同一型号的光缆，尽量按出厂序号的顺序进行配盘。靠通信站两侧的单盘长度不少于1km，并选择光纤参数接近标准值和一致性好的光缆。

（7）配盘后的光缆接头点尽量安排在地势平坦，稳固和无水地带，避开隧道、桥梁、道路等；管道光缆接头尽量避开交通道口，接头安排在人（手）孔内；架空光缆接头位置应安排在杆上或杆两侧1.5m以内。

（8）配盘过程中应考虑好过轨、过路、过河，沟渠、桥隧、进站、接头等处的光缆余留。

### （二）检验

（1）对照设计文件和订货合同检查实物及质量证明文件，确认光缆数量、型号、规格。检查光缆合格证、质量检验报告等质量证明文件是否齐全。

（2）通过检查实物，检验光缆无压扁、护套损伤、表面严重划伤等缺陷。

（3）利用OTDR检测光缆长度、衰耗符合设计或订货要求。

（4）通过检查实物和光缆单盘测试记录，保证单盘光缆100%进行测试。

（5）通过检查光缆配盘表，保证光缆配盘符合要求。

## 第三节　电缆单盘测试及配盘

### 一、作业条件及施工准备

（1）测试仪表经计量检验合格，并在计量检验有效期内。

（2）已对施工人员进行施工图纸、电缆订货合同，电缆参数及指标、定测台账、径路复测台账等技术交底。

（3）电缆单盘出厂资料齐全。

（4）测试人员熟练掌握相关规范和技术标准以及仪表的正确使用方法。

### 二、工序流程及操作要点

#### （一）工序流程

施工准备→收集出厂资料并审核→电缆外观检查→电缆开头及端别确认→检查测试仪表→单盘电缆测试→汇总测试资料及出厂资料→电缆配盘。

## （二）操作要点

（1）电缆到货后，收集随盘的合格证及出厂测试资料并妥善保管。

（2）所有电缆都要进行单盘测试，不得抽测，将单盘测试资料填写完整并妥善保管。

（3）测试前首先对电缆及电缆盘外观进行仔细检查，电缆开剥判断好端别后用红油漆标注于电缆盘的醒目位置。

（4）测试前对测试仪表进行检查。使用仪表时要轻拿轻放，正确放置、使用仪表，熟练掌握仪表的操作方法，操作时要把握好力度，防止重手操作损害仪表。

（5）单盘测试完毕对电缆头做封焊密闭或热缩帽密封处理，对不符合要求的电缆做醒目标注并不得使用。

（6）电缆配盘应综合考虑各种条件，无特殊情况，电缆接头不宜落在河流、公路、铁路、桥梁等位置上，并考虑车站、区间用户等电缆分歧点和加感点的位置。在同一个音频段内，宜配用同一工厂生产的同一结构电缆。

（7）低频四线组需要加感时，应按施工技术标准进行配盘。

## （三）施工方法

### 1. 检查与准备

（1）收集所有电缆单盘出厂合格证和测试资料，检查出厂测试指标应符合要求。电缆的出厂测试记录应作为原始数据收集，并汇总至竣工文件，不能遗失。

（2）检查电缆和电缆盘外观是否完整，有无破损、机械损伤、霉烂脱落等缺陷；检查电缆塑料护套是否破损开裂、硬化变质；核对电缆盘号、型号、规格、盘长、数量等。

（3）测试用仪表应在计量检定有效期内，测试前应对所有仪表进行试验能正常使用，确保测试数据正确。

### 2. 电缆开头

（1）打开电缆盘外包装，用钢锯打开电缆两端端头，剥开外护套及铠装，擦干净铝护套，两端各开剥出 200mm 左右芯线，用煤油或柴油将芯线上的油膏擦拭干净。注意不要弄乱组别，以保证测试。

（2）判断电缆 A、B 段并在电缆单盘测试表格上进行记录，同时用红油漆在电缆盘上做出醒目标注，标注格式可采用"A 内"或"B 内"。

3. 测试

（1）用万用表对号检查所有芯线有无断线、混线等故障。在使用万用表之前，应先进行"仪表调零"。万用表必须水平放置，以免造成误差。万用表使用完毕后，应将转换开关置于交流电压的最大挡。

（2）用兆欧表测量每一根芯线对其他所有芯线及金属护套之间的绝缘电阻。测量前要对兆欧表进行开路和短路检查，即在兆欧表未接入被测电缆之前摇动手把，使发电机达到额定转速，观察指针是否指在"8"位置；然后再将"L"和"E"短路，缓慢摇动手把观察指针是否指在"0"位置，如不符合要求应更换兆欧表。测量时兆欧表应水平放置，转动兆欧表手把保持转速 90～150r/min。发现指针指零马上停止摇动，以防线圈损坏。测量时被测芯线接 L 端，电缆金属护套及其他芯线接 E 端。测量完成后对线路或设备进行放电。

（3）用直流电桥抽测芯线环阻及不平衡电阻。仪表轻拿轻放，使用时电桥要水平放置。

（4）用电容耦合测试仪测试低频四线组的电容耦合系数和对地不平衡电容。仪表要正确使用，水平放置。

（5）用耐压测试仪测试对称电缆的电气绝缘强度，时间为 2min。

（6）填写电缆测试记录表，记录表应包括电缆型号、盘号、盘长、端别、测试仪表、测试人、测试日期；测试内容包括所有芯线对号情况、所有芯线线间及对地绝缘电阻；抽测环阻及不平衡电阻。

4. 电缆端头密封

测试完毕后，用钢锯锯断芯线，利用焊料和焊锡对电缆端头做封焊处理，待冷却后将电缆端头固定于电缆盘上。无金属护套电缆可用热缩帽做密封处理。

5. 电缆配盘

（1）将电缆单盘测试资料及出厂资料进行汇总，综合考虑各种因素，进行电缆配盘。

（2）根据通信机房位置、区间用户位置，加感节距以及径路长度，选择合适的电缆盘长，尽量减少接头数量，避免浪费电缆。

（3）在同一个音频段内，宜采用同一工厂生产的同一结构的电缆。

（4）配盘时计算好电缆接头的位置。正常情况下，电缆接头不宜落在河流、公路、铁路、桥梁、涵洞等位置上。

（5）配盘过程中应考虑好过轨、过路、过河、沟渠、桥隧、进站、接头等处的电缆余留。

（6）将配盘结果填入电缆配盘图，按配盘图在选用的电缆盘上用红油漆标明该盘电缆节距号及所在区间。

### 三、质量控制标准及检验

#### （一）质量控制标准

（1）对所有电缆进行单盘检验，测试方法和测试指标应符合设计要求及相关技术标准的规定。对测试不合格的电缆在电缆盘上做醒目标注，并不得使用。

（2）通信电缆到货后检验其型号、规格、盘长、数量等应符合设计要求及相关技术标准的规定。

（3）电缆及电缆盘外观应完整，无破损、机械损伤、霉烂脱落等缺陷；电缆塑料护套无破损开裂、硬化变质。

（4）在开盘和测试过程中电缆的弯曲半径应符合相关要求。

（5）所有型号的通信电缆测试完毕后都应对电缆端头做密封处理。

（6）单盘电缆经单盘测试其电特性指标合格后才能进行电缆配盘，在同一个音频段内，宜配用同一工厂生产的同一结构电缆。

（7）在电缆配盘过程中，无特殊情况，电缆接头不宜落在河流、公路、铁路、桥梁等位置上，并考虑车站、区间用户等电缆分歧点和加感点的位置。

（8）配盘过程中应考虑好过轨、过路、过河，沟渠、桥隧、进站、接头等处的电缆余留。

（9）当低频四线组需要加感时，应按验标要求进行配盘。

**（二）检验**

（1）对照设计文件和订货合同检查实物及质量证明文件，检验电缆数量、型号、规格。检验电缆合格证、质量检验报告等质量证明文件是否齐全。

（2）通过检查实物，检验电缆无压扁、护套损伤、表面严重划伤等缺陷。

（3）通过检查实物和电缆单盘测试记录，保证单盘电缆100%进行测试。

（4）通过检查电缆配盘表，保证电缆配盘符合要求。

# 第四节  光电缆沟开挖及回填

## 一、作业条件及施工准备

（1）施工人员已到位并进行技术交底和安全培训，安全考试合格。

（2）光电缆径路复测已完成并有完整的径路复测台账。

（3）已与相关单位签订施工安全配合协议。

（4）物资、施工机械及工器具已经准备到位。

（5）光电缆已完成单盘测试和配盘工作。

（6）营业线施工防护人员已经过专业培训，并取得防护资格证书。

## 二、工序流程及操作要点

### （一）工序流程

施工准备→调查探测地下既有缆线及设施→按径路画线→人工开挖→质量检查→光电缆敷设→回填。

### （二）操作要点

（1）光电缆沟开挖前应首先调查探测径路上既有缆线及设施情况。

（2）开挖光电缆沟应按光电缆径路进行画线，一般用白石灰画线开挖标记。

（3）电缆沟开挖除遇到障碍物外应尽量走成直线，弯曲地段光电缆沟的弯曲半径不得小于所敷设光电缆外径的 15 倍。

（4）光电缆接头坑的开挖深度应以电缆沟深为准，接头坑宜安排在靠道路或铁路外侧。

（5）在铁路路肩上，站场股道间和穿越铁路、公路等处开挖的光电缆沟，应及时回填、夯实、整平，做到不敞开沟过夜。

（6）光电缆敷设完毕后应及时进行回填，回填应先填 0.2m 细土，回填时分层夯实，并将多余的土回堆在电缆沟上。

**（三）施工方法**

1. 施工准备

（1）首先应做必要的施工准备，对施工人员进行安全和技术交底，并进行必要的安全考试，合格后才能上岗作业。

（2）技术人员分区段对带工人员进行区间交底，明确光电缆径路和走向，确定光电缆余留位置以及过轨、过路、过涵的位置，带工人员应在径路上做出必要的标志。

（3）与工务等相关单位签订安全配合协议，确定好施工配合人员。

2. 调查探测既有缆线设施

施工前与相关产权单位联系，调查和探明光电缆径路上既有缆线和设施情况，必要时利用探测仪探明径路上的既有缆线。

3. 画线

利用白石灰或其他物品对光电缆径路进行画线，以线为基准开挖光电缆沟。

4. 人工开挖

（1）按照所画线开挖光电缆沟，除障碍物外应尽量走成直线；弯曲地段电缆沟的弯曲半径应满足光电缆要求。

（2）在坡度大于 30°、坡长大于 30m 的陡坡地段，按 S 形开挖光电缆沟。

（3）光电缆沟底应平缓，不得有陡上陡下现象，不得有石块或坚硬大土块。

（4）在铁路路肩上、股道间及穿越铁路开挖施工时，要利用彩条布等进行必要的防护，避免污染道碴。

（5）如遇有大雨、暴雨，连续阴雨天气时，不得进行开挖，已开挖的沟应根据具体情况或铁路运输部门的有关规定及时回填。

（6）当光电缆径路需要通过铁路、公路等交通要道时，可采取非开挖方法进行施工。必须开挖时要采取安全防护措施，并在工务配合人员的指导下进行施工。

5. 回填

光电缆敷设完成后，先回填 0.2m 细土覆盖光电缆，然后再全部回填。回填时应分层夯实，并将多余的土回堆在电缆沟上，电缆沟内不得填入易腐物质，不得有大石块等。

### 三、质量控制标准及检验

#### （一）质量控制标准

（1）光电缆线路的沟深应符合设计要求和验收标准的相关规定。

（2）光电缆沟深较埋深应增加 0.1m，电缆埋深误差不应超过 -0.05m，光电缆沟底宽度应根据同沟敷设条数确定，光电缆在沟内平行距离不应小于 0.1m，对特殊地带的光电缆埋深及防护方式应按设计规定施工。

（3）光电缆沟开挖前应先用白石灰等进行画线，按预画白线开挖。

（4）光电缆沟的弯曲半径不得小于敷设光电缆外径的 15 倍。

（5）光电缆接头坑的开挖深度应以光电缆沟深为准，接头坑宜安排在靠近道路的外侧。接头坑的尺寸应根据光电缆余留量来确定。

（6）光电缆沟回填应先回填 0.2m 细土覆盖光电缆，然后再全部回填。回填时应分层夯实，并将多余的土回堆在电缆沟上，电缆沟内不得填入易腐物质，不得有大石块等。

#### （二）检验

（1）通过观察、尺量，检验光电缆沟是否按定测台账及径路复测台账规定径路及要求进行开挖。

（2）通过观察、尺量，检验光电缆沟弯曲半径是否符合要求。

（3）通过尺量，检验光电缆接头坑大小及深度应满足要求。

（4）通过观察，检查光电缆沟回填质量应符合质量控制标准的要求。

# 第五节　光电缆敷设

## 一、直埋光电缆敷设

### (一) 作业条件及施工准备

(1) 已对全体施工人员进行技术交底和安全培训，安全考试合格。

(2) 已完成光电缆单盘测试及配盘。

(3) 已完成光电缆径路复测并有完整的径路定测台账。

(4) 已与相关单位签订施工安全配合协议。

(5) 光电缆沟开挖长度满足光电缆敷设要求，沟深经监理工程师检查合格。

(6) 物资、施工机械及工器具已经准备到位。

### (二) 操作要点

(1) 直埋光电缆敷设要进行严密组织和合理分工，配备无线对讲机等良好的联络设备。

(2) 做到光电缆开挖一段敷设一段，不能一次挖沟距离过长，空沟敞开时间过久。

(3) 光电缆在运输过程中不能将缆盘平放，装卸作业时应使用机械作业，严禁将光电缆盘从车上直接推落至地面。

(4) 光电缆敷设 "A" "B" 端朝向应符合设计规定，在设计未规定的情况下，按照 "A" 端朝向上行方向，"B" 端朝向下行方向敷设。

(5) 光电缆敷设人员间隔不宜过大，应听从指挥，步调一致，前进速度不宜过快。

(6) 光电缆应由缆盘的上方放出并保持松弛，敷设过程中不得拖拉硬拽，应无扭转。严禁打背扣、浪涌等现象的发生。

(7) 光电缆在过轨或过道穿越钢管防护时，须在钢管口加防护卡子，避免损伤光电缆外皮。

(8) 在敷设过程中要派专人根据设计要求和施工技术指南进行光电缆余留整理和防护处理。

（9）特殊地段的防护设置（如护坎、护坡、包封等）应符合设计要求。

（10）光电缆沟回填之前要由质量员会同监理工程师进行隐蔽工程的检查签认。

（11）电缆地线埋设，光电缆标桩及警示牌的埋设要符合设计要求及施工技术指南的相关规定。

### （三）施工方法

1. 施工准备

（1）首先应对施工人员进行安全培训和技术交底，同时讲解敷缆方法要领等内容，确保施工人员服从指挥。安全培训完毕后要进行必要的安全考试，合格后才能上岗作业。

（2）为了确保光电缆敷设质量和施工安全，施工前必须严密组织，配备专人指挥，备有良好的联络手段，严禁在无联络工具的情况下敷设光电缆。

（3）明确各种指令的含义，指令要简短明了。

（4）光电缆敷设应在所有光电缆测试及配盘已经完成的情况下进行。

（5）光电缆沟的开挖长度以满足敷设要求为准，不能一次挖沟距离过长，空沟敞开时间过久。

2. 光电缆运输

根据光电缆配盘图将当天需要敷设的光电缆运输到现场。需注意在运输过程中不能将光电缆盘平放，装卸作业时应使用叉车或吊车，严禁将光电缆盘从车上直接推落至地面。

3. 光电缆敷设

（1）设防护员两名，负责安全防护工作。

（2）派人对光电缆沟进行检查，清除沟内杂物石块等。

（3）合理分工，技术人员负责整个施工过程的技术工作；安全人员负责施工安全工作；质量人员负责检查施工质量；支盘人员负责光电缆支盘、盘号确认等；指挥人员负责指挥协调工作以及光电缆余留、压头等工作；一人专门负责安放收取过轨、过道防护管卡子；敷设人员负责抬运光电缆。

（4）光电缆敷设"A""B"端朝向应符合设计规定，在设计未规定的情况下，按照"A"端朝向上行方向，"B"端朝向下行方向。

（5）为了确保光缆敷设质量和安全，施工过程中必须严密组织，利用无线对讲机及口哨进行协调指挥，敷设人员间隔不宜过大，应听从指挥，步调一致，前进速度不宜过快。光电缆到位后在指挥人员的统一指挥下，压好接头余留，然后按顺序放入沟内。

（6）敷设时，光电缆应由缆盘的上方放出并保持松弛的弧形。光电缆敷设过程中不得拖拉硬拽，应无扭转；严禁打背扣、浪涌等现象的发生。光电缆在过轨或过道穿越钢管防护时，必须在钢管口加上特制的防护卡子，避免损伤光电缆外皮。

（7）敷设过程中需要对光电缆打"∞"字时，应选择合适的地形，尽量将"∞"字打大，为避免解"∞"字时产生问题，应在情况允许的前提下，尽量少打"∞"字，当进行"∞"字抬放时，应注意地面交通等因素的限制。解"∞"字时应正确操作，将"∞"字逆着打，"∞"字的方向解开。若出现因"∞"字翻转不当，造成在"∞"字将解尽时仍有应力产生的小圈不能解开的情况下，切勿将小圈拉直，应在小圈积留处做余留处理。

（8）光电缆入沟后不宜拉得过紧，应平放在沟底使光电缆自然地伸展，不得腾空或拱起。

4. 余留整理，防护处理

（1）根据直埋光电缆敷设施工技术标准的要求整理光电缆余留，余留坑的深度应与光电缆沟一致。

（2）光电缆防护地点、防护方式和所用材质应符合设计要求及施工技术指南的有关规定。各种防护管材表面应平整光洁，无变形和裂纹。

（3）防护钢管根据设计要求确定，应使用镀锌钢管或对钢管做除锈和防腐处理；硬塑料管无老化和变质现象。钢管口应光滑无毛刺，钢管用管箍连接时，每端进入管箍内的深度，不得小于箍径的1/3，钢管焊接时，接口必须对齐，焊接严密，均匀一致，焊接牢固。管子煨弯的弯曲半径，不应小于管子外径的6倍，管子的弯曲角度方向应正确，无死弯、皱褶、凹瘪等缺陷。

（4）防护管的埋深应和光电缆埋深一致，穿越铁路的防护管长度，必须超出轨道两侧轨枕头以外0.2m；光电缆敷设完成后对管口做封堵处理。

（5）光电缆盖砖防护时，应在光电缆上面填0.1m的细土或沙并压实，在光电缆正上方处盖砖并排列整齐。

(6) 光电缆槽防护应符合设计要求。

(7) 其他特殊地段的防护方式 (如护坎、护坡、漫水坡等) 应严格按照设计要求进行设置。

5. 制作竣工草图

光电缆敷设完毕在回填之前应及时进行径路的测量和竣工草图的制作，同时填写隐蔽工程记录。

6. 质量检查、隐蔽工程签证

由质量员和施工监理共同进行质量检查，质量合格后由监理工程师对隐蔽工程记录进行签字确认。质量检查完毕后要及时进行回填。

7. 光缆金属护套对地绝缘电阻测试

在光缆回填72h后可进行光缆金属护套对地绝缘电阻的测试，测试时将光缆的两端头腾空离地，擦净光缆端头的泥土，并保持干燥，在一端剥除外层塑料换套，露出金属外换层，用500V兆欧表测量光缆金属护套对大地的绝缘电阻，其绝缘电阻不应低于$10M\Omega \cdot km$。

8. 埋设电缆地线、光电缆标桩、警示牌等

(1) 电缆地线的埋设应满足设计要求和验收标准的相关规定。

(2) 光电缆警示牌的制作和埋设根据设计要求进行施工。

(3) 光电缆标桩的埋设依据设计具体内容如下。

① 埋设地点：接头处和电缆接地点；转弯处和穿越障碍点不易识别径路处；穿越铁路、公路、河流的两侧；光电缆防护及余留处；长度大于500m 直线段的中间 (当设计有特殊要求时按设计要求的长度进行设置)。

② 标桩应埋设在光电缆径路的正上方，接续标埋设在光电缆接头正上方。

③ 可利用永久性目标代替标桩，但须在永久性目标上用油漆书写标志。

## 二、管道光电缆敷设

### (一) 操作要点

(1) 光电缆敷设前应对管道逐段进行清扫和疏通。

(2) 光电缆敷设经过的人 (手) 孔均应设专人监管，转弯处应安装滑轮；当人 (手) 孔两侧的管孔高度不一致时，应设专门工具或 PE 管予以引导。

（3）光电缆通过人（手）孔时避免直线通过，应紧贴人（手）孔侧壁并绑扎在托板托架上。

（4）光电缆在人（手）孔中有接头时，应采取措施予以固定保护。

（5）光缆敷设采用人工或机械牵引时，牵引力不应大于光缆允许张力的80%，瞬间最大牵引力不得大于光缆允许张力。

（6）光电缆穿放孔位应按顺序排列，按设计图施工。

（7）管孔内不得有光电缆接头；如在一个管孔内布放两条光电缆时，宜用子管分开。

（8）光电缆在人（手）孔内最小弯曲半径不得小于光电缆外径的15倍；钢带铠装电缆进入人（手）孔内部分，应剥除铠装。

（9）每一人（手）孔内应对光电缆挂设标牌，标明光电缆型号、规格、起止站名等。

（10）完成光电缆敷设工作后应清扫现场，并将管孔进出口封堵严密。

（11）光电缆敷设后应及时进行竣工草图的制作和隐蔽工程的签证。

**（二）施工方法**

1. 施工准备

（1）首先应对施工人员进行安全培训和技术交底，同时讲解敷缆方法要领等内容，确保施工人员服从指挥。安全培训完毕后要进行必要的安全考试，合格后才能上岗作业。

（2）为了确保光电缆敷设质量和施工安全，施工前必须严密组织，配备专人指挥，备有良好的联络手段，严禁在无联络工具的情况下敷设光电缆。

（3）光电缆敷设应在所有光电缆测试及配盘已经完成的情况下进行。

2. 管道疏通

敷设前，应对敷设管孔进行疏通，对人（手）孔进行清扫；清理管孔中的淤泥或异物；当管孔发生障碍时，应做修复处理。

3. 布放子管

（1）子管应采用材质合适的塑料管材。

（2）子管数量应根据管孔直径及工程需要来确定；数根子管的总等效外径不宜大于管孔直径的85%。

（3）一个管孔内安装的数根子管应一次性穿放；子管入孔处用喇叭口防护，避免子管磨损。子管在两人（手）孔间的管道段不应有接头。

（4）子管在人（手）孔内应伸出适宜的长度。

（5）不用的子管，管口应安装塞子。

4. 光电缆运输

根据光电缆配盘图将当天需要敷设的光电缆运输到现场。需注意在运输过程中不能将光电缆盘平放，装卸作业时应使用叉车或吊车，严禁将光电缆盘从车上直接推落至地面。

5. 光电缆敷设

（1）全线光电缆按端别顺序敷设，敷设前检查光电缆的端别。光电缆经过的全部人（手）孔处设专人看管，转弯处安装滑轮，当人（手）孔两侧管孔高度不一致时，设专用工具或 PE 管予以引导。敷设时缆盘和绞盘放在人（手）孔上方靠敷设方向的一侧。

（2）光电缆进入管道入口处使用井口滑轮，在光电缆可能出现托、磨、刮、蹭的地方衬垫弯铁、铜瓦或杂布等物。光电缆的牵引头应密封良好，牵引光电缆头应捆扎牢固，并应在钢丝绳与光电缆牵引网套间设置转环，牵引光电缆的拉力要均匀，严禁端头进水。穿入管孔处的光电缆应保持平直。

（3）如果光电缆长度超过 2.5km 或径路经 2 个以上弯道，敷设时可考虑由中间向两端进行，此时应注意选择盘位，以方便两端光缆敷设。光电缆倒盘按"∞"字形放置，倒放时防止光电缆打背扣，禁止踩踏、重压或在地上拖拉光电缆。

（4）光电缆敷设完毕后，由人工将每个直通人（手）孔内的余缆沿人（手）孔壁放置在规定的光电缆支架上，用尼龙扎带等进行固定，固定时用力应轻，以防止损伤光电缆。在地下水位高于通信管道的地段，人（手）孔内的管孔可用油灰、麻絮或其他物质堵好光电缆与管孔的间隙以防漏水。

（5）人（手）孔内的光电缆接头，在未接续前用防水帽及防水胶带进行密封，并盘留于光电缆支架上，此时注意两边余留光电缆不要互相缠绕，应分层盘于光电缆支架上。接续完成后，两边余留光电缆要按顺序盘于光电缆支架上，并用尼龙扎带或铁线绑扎，将光电缆接头在支架上固定牢固。固定时应防止损伤光电缆及接头。

（6）硅芯管道光缆在吹缆前应进行管道保气及导通试验，确认管道无破损漏气或扭伤，无泥土等污物后方可吹缆；吹缆前在管内加入润滑剂，在吹缆过程中应不间断对光缆进行清洁处理，以防止泥土等杂物随同光缆进入管内以增大摩擦力；吹缆的速度宜控制在 60～90m/min，不应超过 100m/min，以防止光缆扭伤及影响施工人员操作；在吹缆过程中遇管道故障无法吹进或速度极慢时，应先查找故障位置并处理后再进行吹缆，以防止损伤光缆或吹缆设备。

6. 余留整理、光电缆固定

（1）根据设计要求及验收标准做光电缆的余留整理。

（2）人（手）孔内的光电缆接头，在未接续前用防水帽及防水胶带密封好，并盘留于光电缆支架上，此时注意两边余留光电缆不要互相缠绕，应分层盘于光电缆支架上。

（3）接续完成后，两边余留光电缆要按顺序盘于光电缆支架上，并用尼龙扎带或铁线绑扎，将光电缆接头在支架上固定牢固。固定时应防止损伤光缆及接头。

（4）在每个人（手）孔内光缆均应挂牌标识，光缆标识牌应防水、防老化。

7. 制作竣工草图

光电缆敷设完毕后应及时进行径路的测量和竣工草图的制作，同时填写隐蔽工程记录。

8. 质量检查、隐蔽工程签证

由质量员和施工监理共同进行质量检查，质量合格后由监理工程师对隐蔽工程记录进行签字确认。

## 三、槽道光电缆敷设

### （一）操作要点

（1）敷设前对槽道进行检查和清理；对已敷设光电缆的槽道进行修复时，应确保既有光电缆的安全。

（2）掀开的槽道盖板要堆放整齐、稳固，严禁侵入铁路限界。

（3）光电缆敷设要进行严密组织和合理分工，配备无线对讲机等良好的联络工具。

（4）光电缆在运输过程中不能将缆盘平放，装卸作业时应使用机械作业，严禁将光电缆盘从车上直接推落至地面。

（5）光电缆敷设"A""B"端朝向应符合设计规定，在设计未规定的情况下，按照"A"端朝向上行方向，"B"端朝向下行方向敷设。

（6）光电缆敷设人员间隔不宜过大，应听从指挥，步调一致，前进速度不宜过快。

（7）光电缆应由缆盘的上方放出并保持松弛，敷设过程中不得拖拉硬拽，应无扭转；严禁打背扣、浪涌等现象的发生。

（8）敷设过程中要派专人根据设计要求和施工技术指南进行光电缆余留整理和防护处理。

（9）敷设完成后及时进行质量检验及隐蔽工程记录的签证。

（10）光电缆在槽道内摆放整齐；当槽道内同时敷设多条光电缆时，应避免交叉。敷设完毕后应及时恢复槽道盖板。

## （二）施工方法

### 1. 施工准备

（1）首先应对施工人员进行安全培训和技术交底，同时讲解敷缆方法要领等内容，确保施工人员服从指挥。安全培训完毕后要进行必要的安全考试，合格后才能上岗作业。

（2）为了确保光电缆敷设质量和施工安全，施工前必须严密组织，配备专人指挥，备有良好的联络手段，严禁在无联络工具的情况下敷设光电缆。

（3）光电缆敷设应在所有光电缆测试及配盘已经完成的情况下进行。

### 2. 槽道勘察清理

（1）光电缆敷设前对槽道进行勘察和清理；实际工程中会遇到在既有缆槽道内敷设光电缆的情况，在对已敷设光电缆的既有槽道进行修复时，应确保既有光电缆的安全。

（2）掀开的槽道盖板要摆放稳固，并与槽道保持一定的安全距离，在斜坡地段严禁将盖板放置在槽道的斜上方，以防止盖板滑入槽道中砸坏光电缆。

3. 光电缆运输

根据光电缆配盘图将当天需要敷设的光电缆运输到现场。需注意在运输过程中不能将光电缆盘平放，装卸作业时应使用叉车或吊车，严禁将光电缆盘从车上直接推落至地面。

4. 光电缆敷设

（1）设防护员两名，负责安全防护工作。

（2）清除槽道盖板上方的土层或碎石，防止杂物掉入槽内。

（3）依次掀开盖板，并堆放整齐、稳固，严禁侵入铁路限界。清除槽道内的石块及其他杂物。

（4）合理分工，技术人员负责整个施工过程的技术工作；安全人员负责施工安全工作；质量人员负责检查施工质量；支盘人员负责光电缆支盘、盘号确认等；指挥人员负责指挥协调工作以及光电缆余留、压头等工作；敷设人员负责抬运光电缆。

（5）光电缆敷设"A""B"端朝向应符合设计规定，在设计未规定的情况下，按照"A"端朝向上行方向，"B"端朝向下行方向敷设。

（6）为了确保光缆敷设质量和安全，施工过程中必须严密组织，利用无线对讲机及口哨进行协调指挥，敷设人员间隔不宜过大，应听从指挥，步调一致，前进速度不宜过快。光电缆到位后在指挥人员的统一指挥下，压好接头余留，然后按顺序放入槽道内。

（7）敷设时，光电缆应由缆盘的上方放出并保持松弛的弧形。光电缆敷设过程中不得拖拉硬拽，应无扭转；严禁打背扣、浪涌等现象的发生。敷设过程中避免损伤光电缆外皮。

（8）光电缆入槽后不宜拉得过紧，应平放在槽道底部使光电缆自然地伸展，不得腾空或拱起。在槽道间有落差处敷设光电缆时，应采取防护措施，避免光电缆悬空或受力。光电缆在槽道内应摆放整齐；当槽道内同时敷设多条光电缆时，应避免交叉。

5. 制作竣工草图

光电缆敷设完毕后及时进行径路的测量和竣工草图的制作，同时填写隐蔽工程记录。

6. 质量检查、隐蔽工程签证

由质量员和施工监理共同进行质量检查，质量合格后由监理工程师对隐蔽工程记录进行签字确认。

7. 槽道盖板恢复

光电缆敷设完毕后应及时按原样恢复槽道盖板。恢复过程中应采取措施，避免槽道盖板砸伤光电缆。

## 四、架空光电缆敷设

### （一）作业条件及施工准备

（1）已对全体施工人员进行技术交底和安全培训，安全考试合格。

（2）登高作业人员经过专业技术培训，取得具有建设主管部门颁发的登高作业资格证，并身体健康。

（3）已完成光电缆单盘测试及配盘。

（4）已完成光电缆径路复测并有完整的径路定测台账。

（5）已与相关单位签订施工安全配合协议。

（6）已完成通信电杆及拉线施工。

（7）物资、施工机械及工器具已经准备到位。

### （二）操作要点

（1）根据光电缆架空敷设的施工特点，首先应做好施工前的准备工作。

（2）架设吊线和架设光电缆都应统一指挥，配备良好的通信工具，设置专职防护人员。

（3）光电缆在运输过程中不能将缆盘平放，装卸作业时应使用机械作业，严禁将光电缆盘从车上直接推落至地面。

（4）吊线及光电缆敷设前先做好杆路径路的调查工作，检查有无跨越障碍，以确定敷设方式。为确保施工质量，一般宜采用人力牵引吊上挂设法，当地形条件不允许时可采用机械牵引挂设法。

（5）架设光电缆必须严密组织，并由专人指挥，光电缆端别要符合设计要求。沿线各点（尤其是转弯点及主要街道上）应有专人防护，并随时联络。

牵引过程中应有良好的联络手段。禁止未经训练的人员上岗和在无联络工具的情况下进行作业。

（6）采用人工牵引时，每隔一根电杆设一人上杆进行辅助牵引（必要时在杆上装设导引滑轮）。当单盘光缆较长时，一般利用就地倒"∞"字，分两次布放。采用机械牵引时，每隔 10～15m 设滑轮，通过牵引光缆加强件进行架挂，牵引最大速度为 15m/min，不得突然启动或停止。

（7）光电缆架设完成后要及时进行竣工草图制作及质量检验、签证工作。

**（三）施工方法**

1. 施工准备

（1）首先应对施工人员进行安全培训和技术交底，同时讲解敷缆方法要领等内容，确保施工人员服从指挥。安全培训完毕后要进行必要的安全考试，合格后才能上岗作业。

（2）为了确保光电缆架设质量和施工安全，施工前必须严密组织，配备专人指挥，备有良好的联络手段，严禁在无联络工具的情况下架设吊线及敷设光电缆。

（3）光电缆架设应在所有光电缆进行测试及配盘已经完成，立杆及拉线已施工完毕的情况下进行。

（4）对施工物资按要求进行进场检验，并对光电缆进行单盘测试。

2. 架设吊线

（1）架设前首先检查路径，消除障碍，清点和检查工具。

（2）吊线如需跨越电力或其他通信线路时，需将带电线路停电后再施工，如果停电有困难则需搭设跨越架。用绝缘渡线将吊线引过。

（3）架设吊线时统一指挥，指挥人员要配备良好的通信工具。跨越铁路、公路、河流、其他线路等，要设专人带对讲机进行防护。

（4）拖地放线：采用人力或机械牵引沿地面展放吊线。在每处电杆上安装一个开口滑轮，拖地放线到电杆处，将吊线挂在放线滑轮上，然后继续向前展放。放线过程中要有专人操作控制放线速度，防止吊线跑偏、松脱，注意吊线不能和其他线交叉。如果发现吊线跳槽、放线滑轮转动不灵活、吊线磨伤等现象，应立即发出信号停止放线。

（5）张力放线：张力放线是将吊线线盘固定于汽车上，将吊线端头固定于地面或电杆根部，汽车沿线路前进使吊线不断由线轴上放出，即被展放的吊线在空中牵引，吊线在展放中承受一定的张力。放线过程中严禁吊线打弯、扭折、背扣、在硬物上拖磨等。

（6）放线完成后进行紧线，紧线时，任何人不得在悬空的吊线下停留。收紧吊线时，应使吊线慢慢上升。在紧线时随时监视地锚、电杆、临时拉线等是否正常，发现异常现象应立即停止紧线。

（7）吊线接续：吊线接续应采用套接法，套接两端可选用钢绞线卡子、夹板或另缠法，但两端必须用同一种方法处理。

（8）吊线固定：根据设计要求进行吊线在电杆上的固定。

3. 光电缆架设

（1）根据光电缆配盘图将当天需要敷设的光电缆运输到现场。需注意在运输过程中不能将光电缆盘平放，装卸作业时应使用叉车或吊车，严禁将光电缆盘从车上直接推落至地面。

（2）滑轮牵引敷设光电缆：在光电缆盘一侧和牵引侧各安装导向索和滑轮，并在电杆部位安装一个大号滑轮。每隔 20~30m，安装一个导引滑轮，一边将牵引绳通过每一个滑轮，一边按顺序安装滑轮，直至光电缆盘处与牵引端头连好。当光电缆较长或转弯角度过大时，采取"∞"方式分段牵引或中间拉出架设。每盘光电缆敷设完毕后，由一端开始用光电缆挂钩分别将光电缆托挂在吊线上，替下导引滑轮，并按规定在杆上做好伸缩弯，整理好挂钩间距。

（3）杆下牵引敷设光电缆：在杆下障碍不多的情况下，采用直埋式光电缆敷设方式将光电缆敷设到终点，然后，边安装光电缆挂钩，边将光电缆钩挂于吊线上，安装人员坐滑车操作。在挂设光电缆的同时，将杆上余留、挂钩间距一次性完成，并做好预留长度的放置和端头处理。

（4）预挂钩牵引架设光电缆：在杆路准备时就将部分挂钩安放于吊线上，在光电缆盘与牵引点安装导向索及滑轮。将牵引绳穿过挂钩至光电缆盘与牵引端头连接。牵引完毕后补充光电缆挂钩、调整间距，按规定在杆上做好伸缩弯，并做好预留长度的放置和端头处理。

（5）光电缆架设过程中要统一指挥，设计要求按"A""B"端进行架设。

（6）光电缆挂钩应均匀，搭扣方向应一致，挂钩托板齐全，不应翻上或脱落；光电缆敷设后应自然平直并保持不受拉应力、无扭转、无机械损伤。光电缆在电杆处应做弯缩处理。牵引敷设外径较大的光电缆时，应在电缆外表面涂以润滑油。

（7）架空光电缆敷设后统一进行调整，光缆端头应做密封防潮处理，不得浸水。

4. 制作竣工草图

光电缆架设完毕后要及时进行竣工草图的制作。

5. 质量检查，工程签证

由质量员和施工监理共同进行质量检查，质量合格后由监理工程师进行签字确认。

# 第六节　立杆及拉线施工

## 一、作业条件及施工准备

（1）已对全体施工人员进行技术交底和安全培训，安全考试合格。

（2）施工图已经收到，图纸审核已经完成。

（3）已与相关单位签订施工安全配合协议。

（4）物资、施工机械及工器具已经准备到位。

## 二、操作要点与施工方法

### （一）操作要点

（1）根据施工特点提前做好各项施工准备工作。

（2）杆路的选择与测量要符合设计要求和相关技术指南的规定，测量完毕后要及时做出测量台账。

（3）做好电杆等物资的进场检验工作，并做好记录。

（4）水泥电杆在装卸与运输过程中应将杆身始终控制在安全范围内。装运要按规程进行，应统一指挥，按顺序操作。

(5) 开挖杆坑前应核对位置是否与图纸相符，确认无误后方可开挖。坑 (洞) 深度及质量要符合设计及施工技术指南的相关规定。

(6) 立杆前应认真观察地形及周围环境，根据所立电杆的粗细、长短和重量合理配备作业人员，明确分工，统一指挥，相互配合，用力均匀，施工的工具必须牢固可靠，作业人员防护用品、用具齐全。

(7) 使用吊车立杆时，钢丝套要拴在电杆适当位置上，以防"打前沉"，吊车停放位置应适当，并用绳索牵引方向。

(8) 电杆立直后要迅速校直，并及时回填、夯实，做好拉线。

(9) 拉线及撑杆的制作与安装要符合相关技术标准的规定。

(10) 避雷线的设置及接地电阻值应符合设计要求。

## (二) 施工方法

1. 施工准备

(1) 首先应对施工人员进行安全培训和技术交底，确保施工人员服从指挥。安全培训完毕后要进行必要的安全考试，合格后才能上岗作业。

(2) 与相关单位签订安全配合协议，确定好施工配合人员。

(3) 与监理人员一起对所有电杆等物资材料按要求进行进场检验并及时签字确认。

(4) 调查沿线地形地貌、交通气候等情况，确定电杆、钢绞线的存储地点及施工方式。

2. 杆路选择及测量

(1) 杆路要选择安全稳固的路径，避开洪水冲淹、沼泽、淤泥地段，滑坡塌方地带，严重化学腐蚀地区等；要选择最近的路径，尽量走直线，减少角杆；尽量选择地势平坦的路径，减少坡度杆。

(2) 杆路选择要少占农田、少砍伐树木。要做到施工、维护方便，节约器材。

(3) 转角杆两侧的杆距应尽量保持相等；选择转角杆时要考虑拉线设置是否方便。转角杆不得作为分歧杆、长杆距杆和跨越杆，并尽量避免做坡度变更杆。

(4) 电杆的建筑限界应符合相关标准。

（5）直线测量时，可采用直线测量法、逆向直线测量法、经纬直线测量法，前两者属于目测测量法，一般选用经纬测量法。曲线测量主要是测量角深。

（6）旧杆路测量：根据现场情况做出既有杆的杆路、杆号、数量、杆高、杆距、埋深，仰俯角坡度变更值、转角角深、既有线缆情况、H杆的杆数，跨越河流、房屋、电力线及变压器的次数和方式；确定拉线及辅助吊线的增设，吊线抱箍、拉线抱箍及光缆的挂设位置，吊线与其他建筑物的最小垂直净距，杆身有无明显的裂纹、破洞、烂身、前趴后仰、侧倾等，确定要补强改进的措施。

（7）制作测量台账。

3. 施工运输

水泥电杆是脆性杆件，在装卸与运输过程中应将杆身始终控制在安全范围内。用汽车装运时，电杆两头应悬挂超长标志旗，电杆尾部应用托板加固，托板应用绳索固定在车架上，电杆中部亦应用绳索固定在车架上。装卸应统一指挥，按顺序操作。

4. 开挖杆坑

（1）开挖前核对标桩位置是否与图纸相符，确认无误后方可开挖。

（2）杆坑宜为长方形或圆形，拉线坑宜为矩形；坑应平整，其四壁应平直，与底部呈垂直状。

（3）在斜坡地区挖坑，坑深应从坑口往下 15～20cm 处计算坑深。

（4）地表有临时堆积泥土的杆坑，其深度应以永久地面为准计算，地面以上堆积泥土不能计算在内。

（5）高大、较重的电杆为便于立杆，可在杆坑的一侧挖顺杆槽（马道），但不要把马道开在电杆张力的一侧。

（6）杆坑深度应符合设计及施工技术指南的相关规定。

5. 竖立电杆

（1）吊车立杆：先将吊车开至适当位置加以固定，起吊钢丝绳绑在离杆根部 1/2～1/3 处，杆顶合适位置临时绑扎三根调整绳，每根绳由一到两人拉着。电杆起吊离地后暂停，进行检查，确认无误后再继续起吊。起吊时坑边站两人负责电杆根部进坑，三根调整绳以坑为中心成三角形进行调整。在此期间由一人统一指挥。

（2）人工立杆：无法采用吊车立杆时，可用人工立杆。立杆时，先在坑中立一个滑板，滑板的作用是防止杆根滑入坑内。滑板应由有经验的人员掌握并负责指挥，把电杆移至坑口，使根部顶住滑板。在电杆顶部合适位置绑2～3根拉绳，由人力拉住，以坑为中心三角站立。在统一指挥下，用抬杆抬起电杆头部，并借助顶板支持杆身重量，每抬起一次，顶板就向杆根部移动一次，将杆身扶起的同时使杆根逐渐滑入坑内，待杆身起立一定高度时，即可支上叉杆，撤去顶板。叉杆由两个人操作一副，边支撑电杆，边将叉杆根部向前移动，操绳人应使劲拉绳，帮助将电杆竖起，当电杆至80°左右时，即可撤去滑板，并用拉绳使电杆直立，这时应将一副叉杆移至另一侧，以防电杆倾倒。

（3）杆身调整：电杆立直后即可进行杆身的调整，包括顺线路方向和横线路方向的调整。顺线路方向的调整方法是：当第一根电杆立起后，观测人员要在距离已立好电杆3～4个坑位远的线路中心立标杆，由一个人站在标杆后面10m远以外的坑位观测，看电杆是否位于线路中心上。横线路方向调整时，应距电杆10m以外并位于垂直线路中心线方向，看电杆是否垂直，否则应做调整。

6. 填土夯实

电杆扶正后，分层填土夯实，松软土质的基坑应增加夯实次数或采取加固措施，严禁将树根、杂草、冰雪等杂物填入坑内，滑坡回填土应夯实，并留有放沉土层，杆根周围培成圆锥形土堆，高于地面200～300mm。在水泥便道立杆或有路面的路上立杆，根部不宜培土，但应与原地面平齐。

7. 安装拉线及电杆加固

（1）下列电杆必须采用拉线加固：中间杆、角杆、分歧杆、引入杆、仰角、俯角及坡上电杆、跨越杆和长杆距杆。俯角杆及不便使用拉线的处所可使用撑杆。

（2）拉线应根据电杆受力情况安装。终端拉线与线路方向对正；防风拉线与线路垂直。当线路转角在45°及以下时，可只设置分角拉线，超过45°时则在线路中心线延长设置拉线。拉线与电杆夹角一般为45°。

（3）拉线的安装程序一般是：把拉线的上把固定在电杆上，埋好地锚把，做好中把、上把与绝缘子的连接，收紧中把和下把的连接等。埋地锚把时，要把地锚或拉线盘放正，分层填土夯实，并注意拉线的角度。填土时要填干土，以防松动。

（4）撑杆加固。撑杆是代替拉线平衡线路张力或合力的一种装置，各种撑杆的装设位置为：角杆撑杆应装在线路平分转弯内角，抗风撑杆垂直于线路方向，终端撑杆应平行线路方向，俯角撑杆应顺线路方向，撑杆均应装在最末层吊线下约100mm处，光缆线路终端杆设撑杆时必须在终端杆前1~2根杆上做泄力拉线。电杆撑杆的坑深，不宜小于0.6m。

（5）其他加固措施：严寒地带一般采取回填砂石的方法加固；松软土壤和沼泽地带一般在坑底及电杆四周加垫片石加固，必要时用水泥浆灌注或打桩加固；在河中立杆，应采用打桩法，将电杆打入河底的桩上，并设防护木桩；在陡坡地段及容易被水冲刷地点埋设电杆、撑杆、拉线时，应采取土木栅保护墩及保护圈的方法加固；电杆、拉线埋设在可能被车、马撞伤或行人碰触处所时，应设电杆保护桩、拉线竹筒保护桩或木保护桩。

8. 安装避雷线

避雷线：水泥电杆有预留避雷线穿钉的，应从穿钉螺母向上引出一根 $\varphi 4.0$mm 的钢线并应高出杆顶150~200mm，在杆根部的地线穿钉螺母处接出 $\varphi 4.0$mm 的钢线入地；无预留避雷线穿钉的水泥电杆，用 $\varphi 4.0$mm 钢线从杆洞中引出杆顶150~200mm，然后延伸至地下，避雷线做完后需用水泥将杆顶破口处封住；利用拉线做避雷线时，将 $\varphi 4.0$mm 钢线压入拉线抱箍内，然后贴电杆表面向上伸出杆顶150~200mm，中间用 $\varphi 3.0$mm 钢线绕4圈扎固2道。

### 四、质量控制标准及检验

#### (一) 质量控制标准

（1）架空杆路的测量应根据设计路由进行，遇特殊情况需变更路由时，应有设计变更。与其他设施最小距离应符合设计要求和相关标准的规定。

（2）电杆洞深根据电杆的类别，现场的土质以及施工所在地的负荷区所决定，洞深应满足设计要求及相关规定以确保立杆质量。

（3）直线线路的电杆位置应在线路路由中心线上；电杆中心与路由中心

线的左右偏差不得大于 50mm；电杆本身应上下垂直。

（4）角杆应在线路转角点内移，水泥杆的内移值为 100～150mm，木杆内移值为 200～300mm。装撑杆或地形限制的情况下不可内移。

（5）终端杆应向拉线侧倾斜 100～120mm。

（6）拉线地锚坑的深度应满足设计要求及相关规定；拉线地锚应埋设端正，不得倾斜，地锚的拉线盘应与拉线垂直。

（7）根据要求进行物资材料的进场检验。电杆无裂痕、破洞、烂身等；钢绞线无锈蚀、断股、跳股、断头、伤痕等；抱箍、夹板地锚、拉线环等镀锌均匀，无生锈、脱皮、锌泡和明显锌渣、锌瘤等。

（8）拉线中间不得有接头，拉线不应有松股和抽筋现象。

（9）架空电缆线路在分歧杆，引上杆、终端杆、角深大于 1m 的角杆及郊区直线路每隔 5～10 根电杆，应装设避雷地线。地线接地电阻不应大于 25Ω。地线装设在钢筋混凝土中间电杆时，应高出电杆顶部 150～200mm，避雷线顶端应尖锐镀锡。

## （二）检验

（1）对照设计文件和订货合同，通过检查实物和质量证明文件等，检验电杆及各种配件的数量、型号、规格、质量是否符合设计和订货合同的要求及相关技术标准的规定。合格证、质量检验报告等质量证明文件是否齐全。

（2）对照设计文件，现场检验架空杆路路由是否符合设计要求。

（3）通过尺量，检验电杆洞深是否符合设计要求和相关技术标准的规定。

（4）对照设计文件，通过测量，检验电杆高度是否符合设计要求，垂直度符合设计要求和相关技术标准的规定。

（5）通过观察、尺量，检验角杆、终端杆的设置是否符合设计要求和相关技术标准的规定。

（6）通过观察，检验拉线的设置是否符合设计要求，拉线中间不得有接头，拉线不应有松股和抽筋现象。

（7）通过观察、测试，检验避雷地线的设置是否符合设计要求及相关技术标准的规定，接地电阻不应大于 25Ω。

# 第七节　光缆接续及测试

## 一、作业条件及施工准备

（1）光缆已敷设完成，隐蔽工程经监理工程师签认合格。

（2）光缆接续及测试人员经过培训并取得作业资格证，并对接续人员进行了技术交底和安全培训。

（3）测试仪表经检验合格，并在计量检验有效期内，熔接机性能指标符合相关技术标准。

（4）光缆接头盒已采购并经进场检验合格。

（5）施工机械及工器具已经准备到位。

## 二、操作要点及施工方法

### （一）操作要点

（1）光缆接续前，操作人员必须熟悉工程所用光缆操作方法和质量要点等。接续操作应规范、娴熟。应选派训练有素的操作人员进行接续，接续过程应严格遵守工艺流程。

（2）光缆接续前首先核对光缆接头位置、光缆端别等，再检查护层对地绝缘电阻。调整和确定好接头盒放置位置、光缆接头余留长度和重叠方式等。

（3）根据光缆接头余留长度要求留足光缆再截断光缆头，切断光缆必须使用断线钳，严禁使用钢锯。由于光缆端头在敷设过程中会受到机械损伤和受潮，光缆开剥前应视光缆端头状况截取 70cm 左右的长度。光缆开剥后，内部光纤应按顺序做好标记，并做好记录。

（4）选用性能优良的熔接设备、光纤切割工具，根据环境温度、光纤类型等合理设置熔接设备的各项参数。根据气候条件做好防尘、升温、降温等措施，确保光缆接续质量以及操作人员、熔接设备的正常工作。

（5）光纤涂覆层去除后，必须先擦拭，清洁光纤再进行切割。制备好的光纤端面不能倾斜，不能有污物、毛刺等，否则应重新制作端面。

(6) 使用熔接机应严格按照厂家的使用说明及要求。每根光纤护套、涂层的去除、油膏的擦拭清洗、光纤端面的制备、光纤熔接、热缩管保护等作业应规范操作，同时应连续完成，不得任意中断。

(7) 光纤熔接应采用 OTDR 进行监测，接续损耗应满足设计要求和验标规定。当 OTDR 监测值不合格而熔接机显示指标合格，或监测值明显劣于熔接机显示值时，应对光纤重新熔接。光纤熔接点若出现连接痕迹、鼓包、轴偏移、气泡、缩径等现象，不管接续损耗大小，都应对光纤重新熔接。

(8) 熔接合格后的光纤接续部位应立即进行热缩加强管的保护，加强管收缩应均匀、无气泡。光纤收容盘内余纤的盘绕半径应尽量大，以减少光纤弯曲损耗。光纤盘绕后要及时固定牢固，防止出现跳纤现象。

(9) 光缆进入接头盒的两端必须固定牢固，特别是加强芯的固定。固定不牢会造成埋设或挂放接头盒时因光纤扭动而造成断纤或光纤损耗变大。

(10) 接头盒组装完成后，应保证不渗水、不漏潮。直埋式接头盒应加防护槽或混凝土盖板进行防护。管道光缆接头及余留宜安装在人(手)孔壁上或置于光缆托板间人(手)孔内较高位置上。架空光缆接头一般安装在电杆旁，两侧做伸缩弯，接头余留应盘成圆圈后捆扎在电杆上。

(11) 光缆的接续工作要连续作业，对于条件所限中途中断作业或当日无法结束作业的光缆接头，应采取必要的防潮措施和安全防护。

(12) 光缆接续和测试仪表应设专人负责，搬运时要特别小心并要放入专用保护箱中，避免强烈冲击和振动。

(13) 光中继段测试要满足设计要求和验收标准的相关规定。

### (二) 施工方法

1. 施工准备

(1) 施工前对所用仪器仪表、工具、材料、通信工具等进行检查和校验。

(2) 作业人员要掌握所施工光缆的设计要求、规范标准等。熔接机和 OTDR 操作人员必须熟练掌握所使用仪表的性能及操作方法。

(3) 清理场地，搭建防尘帐篷或安置接续车。准备好工具材料、仪器仪表等。

2. 接续监测准备

根据现场实际情况，确定接续终端位置，进行光纤的环接。环接方式一般为 1、3 纤环，2、4 纤环。

3. 光缆接续

（1）光缆开剥：

①将两端光缆外护层清洗干净，支好工作台或支架。

②将两端光缆的端头用断线钳各剪掉 70cm 左右，余留长度不足时可适当少剪。

③根据接头盒尺寸开剥外护层，开剥出的缆芯应超出接头盒 1.5m 左右。

④根据接头盒的安装说明，将光缆固定在接头盒的固定件上。根据设计要求做好光缆金属构件的处理。

⑤用酒精棉擦净纤芯上的油膏。

（2）光纤接续：

①设置好光纤熔接机的各项参数。

②在光纤上套入热塑保护管。

③用光纤剥除器剥除光纤的二次涂覆层，剥除长度为 40mm 左右。用酒精棉擦净一次涂覆层。

④用光纤切割器制作光纤端面，切割好的裸光纤长度为 16mm。

⑤将切割好的光纤立即放入熔接机的 V 型槽内并盖好防尘盖，然后制作另一侧的光纤端面并放入 V 型槽内。

⑥两端的光纤端面制备好后，启动熔接机开始熔接。启动熔接机后应观察光纤端面的图像，发现不合格立即终止熔接，重新制作端面。

⑦熔接好的光纤轻轻从熔接机中取出，将热塑加强管移至光纤熔接部位。

⑧利用对讲机或其他通信工具通知监测点，测试人员对双方向进行接续损耗的测试，进行记录并告知接续点。接续损耗合格后，将测试值填入接续卡。

⑨将套好热缩加强管的光纤放入熔接机的加热冷却槽内进行热缩处理，完成后取出。

⑩将接续好的光纤收容到光纤收容盘内，收容半径应大于 40mm，将热缩保护管卡入收容盘的固定卡内。

⑪每一层收容盘内的光纤接续完成后，用胶带将收容好的光纤固定在

收容盘上防止脱落。

（3）接头盒组装：

① 所有光纤接续完成并收容好后，固定好收容盘。

② 根据接头盒安装说明书的要求组装接头盒。

③ 具备充气条件的接头盒进行充气兜水检验其密封情况。发现密封不良的情况要查明原因，及时处理直至密封完好不漏气为止。检验确保密封良好后，将充气嘴密封。

④ 将接头盒放入防护槽中或加盖防护盖板，回填接头坑。

4. 光中继段测试

（1）进行光缆测试前，用酒精棉将测试尾纤擦拭干净，防止污染法兰盘及尾纤。使用 OTDR 进行测试时，测试人员结合被测光缆长度等选择比较恰当的量程，使测试曲线尽量显示在屏幕中间，以减少测试误差。

（2）测试人员结合被测光纤的长度选择 OTDR 注入被测光纤的光脉冲宽度参数，在幅度相同的情况下，宽脉冲的能量要大于窄脉冲的能量，能够测试较长距离，但误差较大。

（3）由于不同厂家不同批次的光纤有不同的折射率，因此在测试时应选择厂家提供的折射率，这样在测量光纤长度时才能准确。

（4）测试点位选择应合理，大部分 OTDR 测试接头损耗均采用 5 点法，在测试时，光标作为一点应定位在接头点上，其余 4 点应分别对应接头点两侧的光纤特性。这样接头测试才能准确。

（5）进行测试时，测试项目和指标应满足设计要求和验收标准的相关规定。

## 三、质量控制标准及检验

### （一）质量控制标准

（1）光纤的接续按光纤色谱排列顺序对应接续；光纤接续部位应进行热缩加强管保护，加强管收缩均匀、无气泡。

（2）光缆的金属外护套和加强芯紧固在接头盒内。同一侧的金属外护套与金属加强芯在电气上应连通。两侧的金属外护套、金属加强芯应绝缘。

（3）光缆盒体安装牢固、密封良好。

（4）光纤收容余长单端引入不小于0.8m，两端引入引出不小于1.2m。

（5）光纤收容时的弯曲半径不小于40mm。

（6）光缆接头处的弯曲半径不小于护套外径的20倍。

（7）光缆接续后余留2~3m。

（8）光缆引入室内时，应在引入井或室内上机架前做绝缘节，室内、室外金属护层及金属加强芯应断开，并彼此绝缘。

（9）光缆引入室内终端应在光缆配线架或光缆终端盒上，固定安装应牢固。

（10）光缆接头应以一个中继段为单位自上行往下行方向顺序编号。

（11）光缆及接头在进入人（手）孔时，应放在人（手）孔铁架上予以固定保护。

（12）光缆终端接续后，进、出尾纤应标识清晰、准确。

（13）光缆引入时不同型号、规格的光缆上、下行标识应清晰、准确。

（14）一个中继段内，1310nm、1550nm窗口每根单模光纤双向接续损耗平均值应不大于0.08dB。

**(二) 检验**

（1）利用OTDR检测每个光缆中继段内1310nm、1550nm窗口每根单模光纤双向接续损耗平均值应不大于0.08dB。

（2）利用光源、光功率计检测每个光缆中继段所有光纤线路衰耗值，应符合规定。

# 第八节　电缆接续及测试

## 一、作业条件及施工准备

（1）电缆已敷设完成，隐蔽工程经监理工程师签认合格。

（2）电缆接续及测试人员经过培训并熟知所施工电缆特性和技术标准，施工人员已接受技术交底和安全培训。

(3) 测试仪表经检验合格，并在计量检验有效期内。

(4) 电缆接头盒已采购并经进场检验合格。

(5) 施工机械及工器具已经准备到位。

## 二、操作要点及施工方法

### (一) 操作要点

(1) 电缆接续前应确认电缆端别正确，所有电缆都已进行单盘测试，确认电缆内所有芯线无断线、混线及接地障碍，绝缘良好。

(2) 电缆的开剥尺寸按电缆程式及接续方式确定，开剥后电缆端头芯线不得散开，不得破坏芯线的扭绞。

(3) 电缆接续时应进行施工测试，以检查电缆接续后的线路有无混线及断线等故障，以及各接续点交叉是否正确，其绝缘电阻应符合规定。施工测试全部合格后才能进行接头盒封装。

(4) 每个电缆接头准备电缆接头卡片一式两份，一份放入接头套管或接头盒内，另一份存档备查。接头卡片内容包括接续交叉形式、分歧方式，接续人和接头封装人姓名，接续日期等。

(5) 加感接头在接续前应对加感元件进行电气测试，指标符合电缆电气指标要求后方可使用。

(6) 电缆芯线的接续根据电缆程式及设计要求采用扭绞加焊或接线子，模块压接方式。无论采取哪种方式，都不得因芯线接续而增加额外电阻，亦不得降低芯线绝缘电阻。

(7) 直埋电缆接续完成后，应利用接头槽对接头进行机械防护。管道电缆人(手)孔内电缆接头应放在电缆托架上，相邻接头放置位置应错开，排列整齐。架空电缆接头两端应捆扎牢固。

(8) 根据电缆型号及相关技术标准进行电缆测试。所有测试项目和指标应符合施工规范及验收标准的相关规定。

**(二) 施工方法**

1. 对称电缆接续

(1) 施工准备：

① 施工前对所用仪器仪表、工具、材料、通信工具等进行检查和校验。

② 作业人员要熟练掌握所施工电缆的各项技术指标及接头方式，掌握仪表使用方法及测试项目等。

③ 检查电缆的余留长度、接头坑的大小、电缆余留的中心位置是否符合要求。

(2) 电缆开剥：

① 用棉纱擦去电缆外护套上的泥土，将电缆在接头坑内顺电缆沟的方向顺直。

② 找出接头坑的中间位置，在两条电缆的交叉处分别做出记号。

③ 根据电缆接头盒的长度计算外护套开剥位置，原则为接续完成后电缆的接头余留满足验收标准的要求，即 0.8 ~ 1.5m。

④ 用电工刀开剥电缆外皮，电缆外皮开剥完成后用铁绑线在距电缆外皮 20mm 处将两层钢带绑扎牢固，之后锯掉剩余钢带。注意不要伤及电缆铝护套。

⑤ 用喷灯为剥除钢带后的铝护套均匀加热，待热熔胶或沥青融化后，除去内衬层，再用棉纱擦净铝护套上的热熔胶或沥青。

⑥ 用钢刷将钢带表面打干净，并涂上松香水，用火烙铁在钢带打净部位表面涂上一层焊锡，将两侧钢带进行焊接连通。焊接点在两层钢带的连接处，两层钢带都要焊接，焊接要牢固可靠，不能有虚焊假焊。

⑦ 根据接头盒的说明书要求量出铝护套的开剥尺寸，用钢锯环切铝护套，折断抽出。注意本操作不要伤及芯线。

⑧ 将清理后的两端待接电缆用电缆支架固定在一个平面上，安装接头盒紧固件。由于不同厂家的接头盒使用方法不同，本步骤应按接头盒说明书进行操作。无论哪种接头盒，都应保证两侧的铝护套可靠电气连通。

(3) 芯线接续：

① 在打开电缆芯线前，在接头位置下面铺好油布或塑料布，摆好接续

时所用的工具。

②打开电缆芯线，量好芯线接续位置并在距接续位置10mm处用原四线组的绑扎线绑扎3～5圈以保证芯线原扭绞，注意在绑扎时不要拉得过紧，以防损伤芯线绝缘层。

③在绑扎好的四线组上套上事先准备好的分组环，按顺序将电缆编好组。

④按照接续要求，将应接的两根芯线按顺时针方向，左压右重叠扭3～5个花，扭绞长度为30mm左右。

⑤用剥线钳剥除芯线绝缘层，不能伤及电缆芯线。按前松后紧的原则，将两根芯线裸铜部分扭绞接在一起。最后剪掉多余部分芯线，裸铜部分长度在15mm左右。

⑥将裸铜部分前端涂上松香水，注意用量不要太多。用烟斗烙铁在芯线接头上加焊5mm左右，加焊后趁热用白布带将接头上的污物擦掉，污物严重的应用酒精棉擦拭。

⑦芯线接续要做到扭矩合理，松紧适宜。各芯线接续长度应一致。芯线接续要做到红白和蓝绿间隔接续，以保证不破坏四线组原有扭矩。

⑧将预制好的热熔胶和热缩管套入接好的芯线部位，用丁烷气枪蓝火四周烘烤热可缩管，使热熔胶和热可缩管受热熔化，收缩密封。芯线密封热塑管及热熔胶套入位置要合理，加热要均匀，密封应完好。加热过程中不能伤及芯线绝缘层。

⑨芯线接续全部完成后按照红白倒向上行、蓝绿倒向下行方向的原则摆放整齐，用白线绳绑扎，绑扎于热缩管的中间位置。

(4)施工测试：

①所有芯线接续完成后，用小电话通知测试点和终端。待所有接头点接续完成后，测试点和终端进行施工测试，主要测试内容为对号及绝缘测试。

②测试合格后，通知各接头点进行接头的封装。

(5)接头封装：

①电缆测试完毕，确认接续良好后进行封盒，封盒前要放入接续卡。

②不同的施工项目及不同的厂家其接头的封装方式有所不同，各项目根据电缆程式、接头盒类型、设计要求等进行接头的封装。不管哪种接头方

式，都应保证接头密封性能良好。

(6) 接头盒防护处理及场地清理。根据设计要求，利用接头槽对接头盒进行防护处理。将场地内的工具、材料、废弃物等清理干净，对接头槽进行掩埋。

2. 全塑电缆接续

(1) 接续准备：清理接头坑，做好接头余留，将两端电缆固定好。

(2) 电缆开剥：量好尺寸，开剥电缆。开剥时要小心谨慎，不要损伤电缆内部的隔热层和芯线绝缘层。

(3) 将选定的热可缩管套在电缆上。

(4) 电缆芯线编号及对号：按色谱对两端电缆分别进行编号，每25对芯线套一个塑料号码管。然后进行对号和绝缘测试。

(5) 模块式卡接排接续：安装好接线机，将卡接排底板放置在接线机上，把 A 端电缆中的一个基本单位 (25 对) 芯线，按顺序分别卡在底板相应的线槽内，用检查梳检查线位无误后，将卡接排主板叠加在底板上；用同样方法把对应相接的 B 端线对，卡入主板线槽内，把上盖板叠放在主板上；用压接器加压使三板互相密合，A、B 线卡连接良好，卸下压接器。这25对芯线接续完成后，用同样方法完成其他芯线的接续。

(6) 接线子接续：根据电缆型号及接头的类型，定出接续长度，按由内到外的顺序将相对应的一对芯线扭在一起，留下接续长度，将多余长度剪去，然后插入接线子进线孔，用压接钳进行压接；用同样方法完成其他芯线的接续。

(7) 分歧电缆接续：量好尺寸，将主电缆的外护套纵刨，去掉屏蔽层、包带后，按色谱找出分歧线对，留够接续长度，将待接芯线剪断，其余芯线保持原样；按模块式卡接排或接线子接续的方法与分歧电缆对接。

(8) 接续包扎：芯线接续完成后，用屏蔽连接线将两端电缆的屏蔽层连通，用塑料包带将电缆接续部分包扎好。

(9) 接续测试：测试芯线直流指标，如有断线、混线等故障，应查找并处理。

(10) 接头封装：将热缩管附带的金属内衬管包在电缆接头上，包好衬管纵缝及衬管两端的茬口。将电缆两头用砂纸打毛，用蘸有溶剂的清洁纸擦拭干净，将热缩管移到接头部位，两端口包热隔膜，有分歧时，在分歧端卡上分歧卡。用喷灯从中部向两端加热，注意加热时，要来回移动反复加热，不要停留在某一点不动，以免烤伤热缩管。将接头用接头防护槽防护，回填接头坑。

（11）电缆气闭成端制作：量好尺寸，拆去电缆气闭处的护套、屏蔽、包带和芯线扎带，将芯线分开；用屏蔽连接线将电缆屏蔽层引出；用热缩管金属内衬做成端模型，将热缩管封合上部开口。若是做一般平放式电缆气闭，可采用和接头封合相同的方法，只是要选用带灌注口的热塑管。按产品说明书配制"三合一"堵剂，然后将配制好的气塞剂灌入气闭模型中，平放式电缆气闭可用注塑枪从热缩管灌注口灌入。

3. 电缆线路性能指标测试

（1）按施工技术标准中电缆测试技术要求对接续完成的电缆进行对号、绝缘、环阻、耐压等测试。

（2）电缆平衡测试。低频回线只对加感线对进行平衡。低频平衡应将所有分歧电缆接入后进行三阶段平衡，即节距内平衡、节距间平衡、全程音频段平衡。平衡内容包括 A、B 两端的近端串音衰减和交流对地不平衡衰减，B 端的远端串音防卫度。

节距内平衡：随着电缆制造工艺的不断进步，对称电缆的各项参数都有了很大的提高，因此节距内平衡可以在电缆配盘的同时进行。

节距间平衡：平衡前要对平衡测试仪表及终端线圈、电阻，仪表线等进行严格校对及检验；平衡用补偿电容器进行耐压测试；应保证在电缆的直流电阻值、环阻不平衡、线间及对地绝缘电阻等项目全部测试合格的前提下进行平衡。节距间平衡一般将每次三个加感节距作为一个平衡节距向前推进。一个音频段应从两端向中间推进会合。平衡时先进行交流对地不平衡衰减的平衡测试，通过平衡点做交叉及接入补偿电容器来实现。交流对地不平衡衰减合格后对串音进行平衡测试。在一个平衡节距当天不能完成的情况下，应做好电缆接头及端头的防潮、防护处理。

全程音频段平衡：节距间平衡完成后进行全程音频段平衡测试。音频段平衡测试时各中间站通信机械室分线盒两侧的电缆要连接良好。平衡完成后对电缆的其他各项电气性能进行测试。

# 第二章　高速铁路传输网

## 第一节　传输网基础知识

### 一、传输网结构

我国铁路传输网通常分为三层结构，分别为骨干层、汇聚（局干）层和接入层。骨干层主要为铁路总公司、铁路局与铁路局之间的业务信息提供直达传输通道；汇聚层是以各铁路局为单位，实现铁路局内各站段间，各站段至铁路局调度所的业务传送以及对沿线 SDH 汇聚层提供保护；接入层主要为铁路沿线每个区间节点以及较大的接入业务站点，如站房、区间信号中继站，电力配电所、工区等站点，提供接入服务。

在我国高速铁路传输网建设时，将本线骨干层与汇聚层合设为骨干中继层网络，简称骨干层。在部分线路上，接入层网络设置了两层，车站节点具有本区段的汇聚功能。

传输网主要由传输节点设备和传输线路两个部分组成，传输节点设备主要有 SDH、MSTP 等。

有线传输媒质中，明线是平行而相互绝缘的架空裸线线路；对称电缆是在同一保护套内有许多对相互绝缘的双导线的传输媒质；同轴电缆是由同轴的两个导体构成，内导体是金属线（芯线），外导体是一个圆柱形的空管；在可以弯曲的同轴电缆中，外导体可以由金属丝编织而成。内导体和外导体之间填充的介质可能是塑料，也可能是空气。光纤是以光导纤维（简称光纤）为传输媒质、光波作为载波的传输信道。

### 二、光纤数字传输系统

光纤是光导纤维的简称，光纤通信就是指利用光导纤维做媒体，用光波来载送信息的通信方式。

光纤通信的发展历史可以追溯到 1966 年，英籍华人高银和 Kockham 从理论上证明了用玻璃可以制成衰减为 20dB/km 的通信光导纤维；1970 年，美国康宁玻璃公司首先制造出衰减为 20dB/km 的光纤；1974 年，光纤的衰减已降低到 2dB/km；1980 年，长波长窗口（1.5μm）的衰减低达 0.2dB/km，接近理论值，之后光纤通信得到了广泛应用。

以光纤为传输媒介传送数字信息的通信系统称为光纤数字通信系统。与电缆和无线电波传输方式相比，光纤通信具有明显的优越性，其主要特点如下。

**（一）光纤数字通信系统特点**

1. 光纤通信传输频带宽，通信容量大

粗略地讲，一根光纤传输数字信号的码速容量在理论上可达 40Tbit/s（1T=$10^{12}$），而最好的金属导线，可传输的数字信号的码速约为 400Mbit/s，二者相差 5 个数量级；较微波通信容量可提高 $10^3 \sim 10^4$ 倍。

2. 光纤通信衰减小，传输距离远

当光波长 $\lambda$ =1.55μm 时，衰减有最低点，可低至 0.2dB/km，接近理论值。在长距离传输时中继数量减少，成本低，通信质量高。

3. 光纤通信抗电磁干扰性强，保密性好

光纤由电绝缘的石英材料制成，光纤通信线路不受各种电磁场的干扰和闪电雷击的损坏。无金属光缆非常适合于存在强电磁场干扰的高压电力线路周围和油田、煤矿等易燃易爆环境中使用。光波在光纤中只在其纤芯中传输，基本上没有光"泄漏"，因此其通信保密性能极好。

4. 光纤尺寸小，重量轻，便于传输和铺设

由于光纤的线径细，重量轻，直径很小，约 0.1mm，比人的头发丝还细，因此光缆占用空间小，敷设方式方便灵活，既可以直埋、管道敷设，也可以在水底敷设，还可以架空使用。

5. 光纤的原材料来源丰富，可节约大量有色金属

制造石英光纤的最基本原材料是二氧化硅（沙子），而沙子在自然界中几乎是取之不尽、用之不竭的，原材料成本十分低廉。

当然，与电缆相比，光纤光缆也有不足之处，如光纤光缆质地脆，机械强度低，在应用时要有较好的切断、连接技术；另外，其分路、耦合要比电

通信的分路、耦合麻烦。

### (二) 光端机

铁路传输网中的节点均具有双工通信功能，每个光端机不仅包含光发送设备，也包含光接收设备。

1. 光发送机

光发送机的主要功能是把来自 PCM 复用设备传送过来的电信号经过调制转换成光信号，然后将已调的光信号耦合到光纤中传输。光发送机主要由光源、驱动电路两大部分组成。

光纤通信中的光源主要有两种，一种是半导体发光二极管（light-emitting diode，LED），另一种是半导体激光器（Laser Diode，LD）。LED 发荧光，LD 发激光。

LED 光源具有谱线宽、调制速度低，与光纤耦合效率低，光源的线性特性较好、寿命长、成本低等特点。LED 光源主要用于短距离、小容量的光纤通信系统。

LD 光源具有谱线窄，调制速率较高、与光纤的耦合效率较高、光源的线性特性较差，成本较高等特点。LD 光源主要用于长距离，大容量的光纤通信系统。

2. 光接收机

光接收机的主要功能是把来自光纤的光数字信号转换为电数字信号输入电端机设备，其光电转换功能是依靠光电检测器来完成。

光电检测器是利用半导体 PN 结内的光电效应把光信号转化为电信号的器件。光纤通信中用的半导体光电检测器有半导体光电二极管（PIN）和半导体雪崩光电二极管（APD）两种，二者均具有体积小、灵敏度高、响应速度快和噪声较低等特点。

3. 光端机的主要指标

要保证光端机能够正常工作，需要保证光端机相关指标满足要求，主要技术指标如下：

（1）平均发送光功率。平均发送光功率是指当传送数据信号是伪随机序列时，发送机耦合到光纤的功率。通常将光功率计接在光发送机的光纤连接器上就可以测得平均光发送功率。

（2）消光比。全调制时的"1"码平均光功率与"0"码平均光功率之比。增大消光比，可改善光接收机的灵敏度性能。消光比通常采用光功率计在全"0"码和全"1"码情况下测得其平均光功率，即可求得。

（3）接口样板。接口样板是指对光端机与电端机接口处的波形有一定的规定图样，即接口信号波形的电压幅度、波形的上升沿、下降沿、脉冲宽度等应符合样板图的要求。

（4）光接收机灵敏度。光接收机灵敏度是指为了达到一定误码率（如6~10）所需的最小平均光功率。光接收机的误码率随着接收到的光功率降低而增大，一般情况下，光接收机接收到的光功率要比其灵敏度指标高3dB左右。

测试光接收机灵敏度时，可用误码测试仪、光功率计和可变光衰减器等仪表进行。测试时用光衰减器代替光纤线路。

## 三、现代光纤通信系统

中国广泛应用的光纤通信系统，几乎都是强度调制。强度调制虽然可以通过高码速来实现大容量传输，而且具有调制、解调较容易的优点，但是，由于这种调制系统所采用的光源一般情况下不是理论上单一频率的光源，所以具有相当的频宽，它的容量和中继距离都会受到限制。目前我国相干光通信、超长波长光纤通信、光孤子通信等现代光纤通信系统均取得了一定的成果。

### （一）相干光通信系统

相干光通信也称为外差光纤通信系统，就是在发端由激光器发出谱线极窄、频率稳定、相位恒定的相干光，并用先进的调制方法［如FSK（频移键控）、ASK（幅移键控）和PSK（相移键控）］对之进行调制。在收端，把由光纤传输来的相干光载波与本振光源发出的相干光，经光耦合器后加到光混频器上进行混频与差频，然后把差频后的中频光信号进行放大，检波。

相干光通信的关键技术是光源器件、光波的匹配。由发送端的光源和接收端的本振光源所发出的光，必须谱线十分狭窄（接近单频）、频率十分稳定、相位也非常恒定，否则无法进行混频与差频。此外，本振光和从光纤传输来的光载波必须实现良好的匹配，这就要求光纤应该是偏振保持光纤。

相干光通信技术不仅可以增大光纤的传输容量，还可以大大提高光接收机的灵敏度。

### (二) 超长波长光纤通信

超长波长光纤通信系统是以超长波长光纤作为传输介质，利用相干光通信技术实现超长距离通信。

在该系统中，超长波长光纤是至关重要的。它是一种更为理想的传输媒介，其主要特性是损耗特低，只有石英材料的千万分之一。因此，超长波长光纤可以实现数万公里传输，而无须中继站。它可以大幅降低通信成本，提高系统的稳定性和可靠性，对海底通信和沙漠地区更是具有特别重要的意义。

### (三) 光孤子通信

通信容量越大，要求光脉冲越窄，如 2.5Gbit/s 系统的光脉冲宽度约为 400ps。窄光脉冲经光纤传输后因光纤的色散作用而出现脉冲展宽现象而引起码间干扰，因此脉冲展宽一直是制约大容量、长距离传输的关键因素。

经研究发现，当注入光强密度足够大时会引起光脉冲变窄的奇特现象，其光脉冲宽度可低达几个 ps，即所谓的光孤子脉冲。因此，用孤子脉冲可以实现超大容量的光纤通信。

# 第二节　光纤光缆

## 一、光纤

### (一) 光纤的结构

光纤由纤芯、包层、涂覆层组成。纤芯和包层材料的折射率不同。涂覆层可分为一次涂层和二次涂层，一次涂覆层是为了保护裸纤而在其表面涂上的聚氨基甲酸乙酯或硅酮树脂层；二次涂覆层多采用聚乙烯塑料或聚丙烯塑料、尼龙等材料。涂覆层的主要作用是保护裸光纤不受水汽侵蚀和机械擦伤，同时增加光纤的柔韧性。涂覆后的光纤其外径约 1.5mm。

### (二) 光纤的分类

光纤有不同的分类方法，根据光纤的折射率的不同，光纤可以分为阶跃型光纤和渐变型光纤。

根据传输模式不同又可分为多模光纤和单模光纤。多模光纤可以传输多种模式的光，纤芯直径较粗，典型纤芯直径约为 $50\,\mu m$，纤芯直径远大于光的波长，这类光纤性能较差，带宽较窄，但内芯的横截面大，容易制造，连接耦合比较方便。单模光纤只传输一种模式，纤芯直径比较细，通常在 $3\sim10\,\mu m$，频带很宽，具有较好的线性度，已得到广泛应用。无论是单模光纤还是多模光纤，其包层的直径都为 $125\sim150\,\mu m$。

根据光纤的工作波长不同进行分类，可分为短波长光纤（$0.8\sim0.9\,\mu m$）、长波长光纤（$1.0\sim1.8\,\mu m$）和超长波长光纤（$>1.8\,\mu m$）。

根据制造光纤所使用的材料进行分类，可以分为石英系列光纤、塑料包层石英系光纤、全塑料光纤。铁路通信传输网中的光纤通信主要采用的是石英光纤。

## 二、光纤的传输特性

光纤特性包含传输特性、光学特性、机械特性和温度特性等。由于篇幅有限，在此仅介绍传输特性。传输特性主要包含损耗特性和色散特性。

### (一) 光纤的损耗

光纤中的光能在传播过程中，将会产生损耗。例如，光波在光纤内传输时有一部分光能被吸收而产生吸收损耗；由于光纤结构不完善，可能又有一部分光能辐射到光纤外部而产生损耗等，总之产生损耗的原因有很多，如固有损耗和附加损耗。

光纤每公里的损耗称为衰减系数，单位为 dB/km。衰减系数与波长的关系曲线称为衰减谱曲线。

在衰减谱中，衰减系数较低所对应的波长称为窗口，常用的工作窗口的波长为 $\lambda_0=0.8\,\mu m$，$\lambda_1=1.31\,\mu m$，$\lambda_2=1.55\,\mu m$。

### (二)光纤的色散

光纤色散是指集中的光脉冲经过光纤传输后,在输出端发生能量分散,导致传输信号畸变的一种现象。由于不同模式的光在光纤中传输时的传输速度不同,所以这样光脉冲在光纤中传输一段距离后将被展宽。其造成的结果是数字脉冲信号被展宽,严重时将导致码间干扰,增加误码率。光纤色散主要有模式色散、材料色散、波导色散和偏振模色散四种。

### 三、光缆

### (一)光缆的结构

为了使光纤满足工程应用的要求,因此必须采取绞合、套塑、金属铠装等措施,将若干根光纤组合在一起,构成光缆。光缆具有使用条件下的抗拉、抗冲击、抗弯曲、抗扭曲等机械性能,能够保证光纤原有的传输特性,并且使光纤在各种环境条件下可靠工作。

光缆和电缆结构非常相似,主要由加强件、缆芯、填充物和外层护层等共同构成。

### (二)光缆的分类

光缆的分类方法有很多,如按照纤芯数量划分,可以分为单芯光缆、双芯光缆、四芯光缆、六芯光缆、八芯光缆等;按照光纤的种类划分,可以分为单模光缆和多模光缆;按照线路的敷设方式划分,可以分为架空光缆、管道光缆、直埋光缆、隧道光缆和水底光缆;按照缆芯结构的不同,又可以分为层绞式光缆、骨架式光缆、中心管式光缆和带状结构光缆。

## 第三节　SDH 传输技术

### 一、PDH 与 SDH

数字通信传输网一直朝着高速率、大容量的方向发展。在长距离传输过程中，为了更经济地利用传输信道，提高传输效率，一般采用多路复用的数字传输方式，准同步数字体系（Plesiochronous Digital Hierarchy，PDH）是从19世纪60年代开始发展起来的数字复接技术。同步数字体系（Synchronous Digital Hierarchy，SDH）这一术语最早是由美国贝尔通信研究所提出，称为光同步网（Synchronous Optical Networks，SONET）。1988年，美国国家标准协会（ANSI）通过了最早的两个SONET标准，即关于光接口速率格式的标准和关于光接口规范的标准，以实现光接口标准化，便于各厂家设备在光路上互通。1988年国际电报电话咨询委员会（Consultative Committee for International Telephone and Telegraph，CCITT）接受了SONET这一概念，并将之改名为SDH。由于SDH具有PDH无法比拟的优越性，19世纪90年代之后在我国传输网得到广泛使用，并逐步取代PDH设备。

### （一）PDH传输体系

#### 1. PDH体系速率

在数字传输技术的发展过程中，PDH是早期数字复接技术实用化的一个标准体系。1937年由里弗提出了PCM理论，1948年首台PCM实验装置研制成功，1961年首台PCM端机用于市话网，之后二次群设备、三次群设备、四次群设备、五次群设备相继问世。

显然，在高次群的复接过程中，各低次群码流速率允许有一定的偏差，由于偏差较小，因此称其为准同步。

#### 2. 二次群复接系统框图

由于一次群容差范围是±102bit/s，在按位复接之前，必须将各支路信号调整到瞬时完全相等的码速率，之后再采用按位复接方式形成二次群。

二次群异步复接时采用了正码速调整方法，二次群的标称速率为8.448Mbit/s，采用按位方式复接时，每个支路的速率为2.112Mbit/s，这样需要将速率为2.048Mbit/s的支路信号进行码速调整，在调整过程中，主要插入帧同步码、业务码等。换句话说，二次群码流主要有信息码、帧同步码和业务码。

在二次群异步复接过程中，基群码元速率在2.048Mbit/s±102bit/s范围内，采用正码速调整方式，将每个基群支路的码元平均速率调整到2.112Mbit/s。调整后的码元每212bit为一组，其中有信息码、业务码。

### (二) SDH 传输体系

**1. SDH 帧结构**

SDH 最基本、最重要的数据块为同步传输模块（Synchronous Transmissior Module, STM）。STM 帧容量比较大，为了描述方便，STM-1 的帧结构用矩形块状来表示。

STM-1 帧结构由比特开销和信息净负荷两部分组成。帧结构中比特开销容量为 $9 \times 9$ 字节，信息净负荷容量为 $261 \times 9$ 字节。

（1）比特开销。帧结构中每行的前 9 列统称为比特开销，可以将其分为几个区域。

（2）信息净负荷。信息净负荷位于帧结构中每行的后 261 列字节，它是用于传送信息负荷的地方。其中含有少量的通道开销（Path OverHead, POH）字节。POH 主要用于监视、管理和控制通道性能。

段开销（Section OverHead, SOH）主要用于 SDH 中信息的差错检查及 SDH 网的维护管理。其中再生段开销（Regenerator SOH, RSOH）的主要作用是用于再生段之间的差错检查及维护管理；复用段开销（MSOH, Multiplex SOH）的主要作用是用于复用段之间的差错检查及维护管理。RSOH 比特位于帧结构中第 1、2、3 行的前 9 个字节，MSOH 比特位于帧结构中第 5~9 行中的前 9 个字节。帧同步信号（Frame Alignment Signal, FAS）用于 STM-1 的收发同步，FAS 共有 9 个字节，位于帧结构中第 1 行中的前 9 个字节之中。

管理单元指针（Administration Unit-PoinTeR, AU-PTR）位于帧结构中第 4 行的前 9 个字节，其主要作用是指示 STM-1 帧结构中信息净负荷区中（$261 \times 9$）承载的信息净负荷（如 VC-4）的起始点位置，以便在接收端能够正确地分接。AU-PTR 指针的第二个作用是调整码元速率，使信息净负荷与 SDH 同步。SDH 利用指针处理异步信号同步化方法，通过指针处理，与 SDH 异步的信息负荷在 SDH 帧中同步化传输。

**2.SDH 网络的物理拓扑**

网络的物理拓扑结构即网络节点和传输线路的几何排列，也就是将维护和实际连接抽象为物理上的连接。如果通信是从一点到另一点进行传输，这就是点到点拓扑结构，常规 PDH 系统和早期 PDH 系统即基于这种物理拓扑结构。除此之外，还有线形、星形、树形、环形及网孔形。

### （三）SDH 与 PDH 的比较

根据前面介绍的 PDH、SDH 体系的速率、帧结构及成帧方法等，可知 SDH 在接口规范、上下业务能力、网管和兼容性方面具有一定的优越性。

在数字体系方面，PDH 存在 1.5Mbit/s 和 2.048Mbit/s 两大数字体系和三个地区性标准，因此 PDH 网内不存在世界统一标准，三者互不兼容，国际间互通困难。而 SDH 真正实现了同一数字传输体系的全球性数字通信。

接口规范方面，PDH 网内不存在世界统一的光接口规范，各厂家自己开发。SDH 网内用一个光接口代替大量的电接口，省去了大量相关电路单元和光缆跳线，提高了网络的灵活性和可靠性，以节约网络成本。

在上下业务能力方面，PDH 采用逐级复用，从高次群码流中识别和提取出低速信号的过程比较复杂。例如，从四次群码流中提取 1 个一次群信号，必须经过四次群分接、三次群分接、二次群分接后，才能得到所需的一次群信号，硬件数量大，上下业务费用高。在 SDH 中，由于采用了同步复用、指针处理和映射的方法，因此只需要利用软件控制指针，便可以从高速信号中一次性提取出所需要的低速信号，上下业务十分方便。

在网络的运行、维护和管理（OAM）方面，PDH 高次群帧结构中没有足够的用于传输网运行、管理、维护（OAM）的冗余比特。而在 SDH 帧结构中有大量的开销比特，使传输网络的 OAM 能力大大增强，并可以实现高可靠性的自愈网结构。

当然，SDH 也不是尽善尽美，例如频带利用率较低，技术更为复杂，抖动和漂移性现象更为严重。尽管 SDH 有不足之处，但较传统的 PDH 有更明显的优越性，目前我国铁路通信传输网已经广泛使用了 SDH 传输设备。

### 二、SDH 复用原理

### （一）复用结构

SDH 采用了同步复用、映射、指针的概念，增加了数据处理的灵活性，使数字复用由 PDH 固定的大量的硬件配置转换为灵活高效的软件配置。

在 SDH 的复用结构图中，出现了容器（C）、虚容器（VC）、支路单元（TU）、支路单元组（TUG），管理单元（AU）、管理单元组（AUG）等单元，这些容器和单元均具有一定规格的帧结构。

根据复用结构可知，为了将各种信号放入 SDH 帧结构的信息净负荷区进行传输，需要进行映射、指针定位和同步复用三种处理过程。

支路信号（业务信号）时钟与虚容器的时钟（SDH 网络时钟）同步时的映射称为同步映射。同步映射无须速率适配。对于 2.048Mbit/s 支路信号的同步映射又分为比特同步映射和字节同步映射。

比特同步映射对信号结构无任何限制，但是要求其与适配的 VC 同步，从而无须进行码速调整就可以使信号适配装入 VC。

字节同步要求映射信号具有帧结构，例如 PDH 的基群帧结构，同时要求信号与 VC 同步这样无须进行码速调整就可以将信息字节装入 VC 内规定的位置，这样可以在 VC 中直接接入或取出 64kbit/s 或 NX64kbit/s 速率的支路信号。

### （二）指针处理

SDH 中指针的作用有两个：一是指示低阶 VC 帧在支路单元（TU）或高阶 VC 在管理单元（AU）的净负荷中的起点位置，这个过程称为指针定位；二是进行码速调整，将低阶 VC 与 TU 同步，高阶 VC 与 AU 同步。

1.指针类型

目前 SDH 中的指针有两类：AU 指针（AU-PTR）和 TU 指针（TU-PTR）。AU 指针为高阶 VC 在 AU 帧内的定位提供一种灵活和动态的管理。而 TU 指针主要是为低阶 VC 在 TU 帧内的定位提供一种灵活和动态的管理。TU 是低阶 VC 复用到高阶 VC 的一个中间适配过程。

2.TU-12 帧结构及 TU-12 指针

（1）TU-12 帧结构。TU-12，帧容量为 144 个字节，复帧周期为 500μs；每个 TU-12 复帧有 4 个子帧，子帧周期为 125μs。图中 V1、V2、V3、V4 统称为 TU-12 指针，其余 140 个字节是 VC-12 字节。

（2）TU-12 指针定义。V1、V2 组成 TU-12 指针码字，V3 为负调整字节，V3 后面的一个字节为正调整字节，V4 为保留字节。

4个比特 NNNN 是新数据标志（New Data Flag, NDF）比特。在净负荷有变化的那一帧，NNNN 状态由"0110"反转变为"1001"，NDF 出现的那一帧，TU-12 指针改变为指示 VC-12 新位置的值。

10个比特 IDIDIDIDID 是 TU-12 指针比特，其二进制数值指示装入 TU-12 复帧中 VC-12 复帧的第一字节距 TU-12 中 V2 字节的偏移量。显然，当用户通道信息 VC-12 与 SDH 的 TU-12 异步时，需要利用 TU-12 指针进行码速调整。

3. AU-4 帧结构及 AU-4 指针

（1）AU-4 的帧结构。AU-4 的帧周期为 125μS，AU-4 指针中 H1、H2 字节为指针字节，AU-4PTR 中的 $1^*$ 表示全1字节，Y 字节表示 1001SS11，SS 比特未做明确规定；3 个 H3 为负调整字节，H3 后面的 3 个字节为正调整字节，其码速调整以 3 个字节为单位。

AU-4 指针主要用来指示在 AU-4 中信息净负荷 VC-4 的起点位置，并通过指针调整码速使信息净负荷 VC-4 与 AU-4 同步。

## （三）同步复用过程

在 SDH 复用过程中，同步复用是使多个低阶通道层信号适配进高阶通道或者把多个高阶通道层信号适配进复用层过程。如 N 个 TU 合成为一个 TUG，N 个 AU 合成为一个 AUG 的过程均为同步复用过程。被复用的各个 TU 和 AU 已经通过指针处理的方法进行了同步化处理，SDH 中的同步复用方式为字节间插同步复用。

由 TU-12 复帧结构可知，TU-12 复帧有 4 个子帧，每个子帧有 36 字节，每子帧第一个字节为 $V_i$ （i=1，2，3，4）。为了描述方便，将 TU-12 的子帧结构表述为 9×4 字节的块状结构。

## 三、SDH 设备

SDH 传输网的基本网元有终端复用器（Terminating Multiplexer, TM）、分插复用器（Add/Drop Multiplexer, ADM）、再生中继器（regenerative repeater, REG）和数字交叉连接设备（Digital Cross-Connect equipment, DXC）。

### (一) 终端复用器 (TM)

TM 用在网络的终端站点上，是一个双端口器件。

TM 的主要功能有两个：一个是进行 STM-N 信号的复接与分接功能；另一个是将标准的支路信号及 STM-N 信号进行光/电转换。

### (二) 分插复用器 (ADM)

ADM 用于 SDH 传输网络的转接站点处，是 SDH 网上使用最多、最重要的一种网元，它是一个三端口的器件。

分插复用设备也称为上下路复接设备，它的主要功能为从主信号流中提取某些支路信号并将其他支路信号插入此主信号流中。由于 ADM 具有灵活的分插任意支路信号的功能，因此 ADM 既可以用在 SDH 网中点对点的传输，也可用于环型网和链状网的传输。通常将分差支路的最小单元称为"颗粒"。

例如，TM 若用于链形网的两个端点，可进行点到点传输；若与 ADM 设备混合组网，则可构成星形网、树形网或环形网等网络结构。

### (三) 再生中继器 (REG)

光传输网的 REG 有两种：一种是纯光的再生中继器，主要进行光功率放大以延长光传输距离；另一种是用于脉冲再生整形的电再生中继器，主要通过光/电变换、电信号均衡放大、定时提取、判决再生、电/光变换，以达到不积累线路噪声的目的，保证线路上传送信号波形的完好性。REG 是双端口器件。它是构成 SDH 长距离链路的一种网元，其基本作用是补偿光纤传输引入的衰减损耗，重新产生新的光信号继续传输。

### (四) 数字交叉连接设备 (DXC)

DXC 具有 STM-N 信号的交叉连接功能，它是一个多端口器件，实际上相当于一个交叉矩阵，完成各个信号间的交叉连接。

DXC 可以实现不同信号之间的跨接。凡是符合 ITU-T 规定的 SDH 及 PDH 分级信号都可以在 DXC 设备中实现跨接、分配、交换和组合。

## 四、SDH 自愈网

自愈功能是指当传输网络出现故障时，无须人为干预，而在极短时间内就可以从失效状态中自动恢复所承载的业务，使用户感觉不到网络故障。SDH 实现自愈的方案按机制可以分为保护和恢复两类。

保护是指利用网络节点间预先安排的保护容量替代失效的工作容量的方式；而恢复是指利用网络节点间任何可用的冗余容量，来隔离故障、恢复业务的方式。

在 SDH 网络中，根据业务量的需求，可以采用各种各样拓扑结构的网络。不同的网络结构所采取的保护方式不同。SDH 网络中的自愈方式主要有线状网保护、环网保护、以 DXC 为基础的网络恢复和混合保护等。

### (一) 线状网保护

在线状网保护中，自动线路保护倒换是最简单的自愈形式。这种方式在传输通道发生故障后，系统倒换设备将主信号自动转至备用光纤系统传输，而接收端在感觉不到网络故障的情况下仍能接收到正常信号。

复用段中的保护结构分为 1+1 保护和 1：$n$ 保护两种方式。

1.1+1 保护

1+1 保护方式采用并发优收，工作段和保护段在发送端永久地连在一起（桥接），信号同时发往工作段和保护段，在接收端择优选择接收性能良好的信号。两个复用段的桥接是永久性的，因此 1+1 保护结构不可利用备用复用段开展附加的额外任务。

2.1：$n$ 保护

n 个工作（主用）复用段共享 1 个保护（备用）复用段时称为 1：n 保护方式。例如，当 n（1~14）中任意一个复用段出现故障时，均可倒换至保护段。1：n 保护模式无故障时，备用的复用段可用于附加的额外业务的传输。

### (二) 环网保护

采用环形网实现自愈的方式称为自愈环。环形网络可以改善网络的生存性并降低成本，是 SDH 网的典型拓扑方式。环形网的节点一般采用 ADM，也可以采用 DXC，利用 ADM 的分插能力和智能构成的自愈环是 SDH 的特色之一。

自愈环路保护方式很多，按照自愈环结构划分可以分为通道倒换环和复用段倒换环。通道保护倒换与否由出入环的个别通道信号的质量优劣决定；复用段保护倒换与否由每两节点间的复用段信号质量的优劣决定。按环中每个节点插入支路信号和分出支路信号在环中流动的方向是否相同，分为单向和双向环。按照环中每一对节点间所用光纤的最小数量来分，又可分为二纤环和四纤环。

根据我国相关要求，应根据网络覆盖区域的形状，地形条件、节点数量，节点间的地域关系及业务需求，相邻节点间的主要通道截面、网络的安全要求及经济性能等选用线型或环形网络拓扑结构，并优先选用环形网络拓扑结构。自愈环保护根据环内业务模型、节点数量及业务需求选用通道保护或复用段保护，通道保护环宜优先选用二纤单向通道保护环。自愈环的节点数根据系统速率及节点间的业务需求合理确定但不少于 3 个，复用段保护环不多于 16 个。

### (三) 网格网恢复

SDH 网恢复是指利用 DXC 设备在网格形网络中进行保护的方式。若是在节点处采用 DXC4/4 设备，则一旦某处光缆被切断时，利用 DXC4/4 设备的快速交叉连接特性，可以很快地找出替代路由，恢复通信。

## 五、SDH 网络的同步

### (一) SDH 同步的基本概念

同步是指两个或多个信号之间在频率或相位上保持某种严格的特定关系。传输网中基本的同步控制方法有点同步、网同步和线同步。

(1) 点同步是指数字通信系统发送端和接收端两点之间的同步。

(2) 网同步是网中所有网元节点的时钟频率和相位保持一致，网元节点既可以是传输节点，也可以是交换节点。

（3）数字信号复接时，需要将几个低速、非同步的支路信号速率调整为单一速率的同步信号，称为线同步，又称"复用同步"。

主时钟产生电路主要有石英晶体振荡器、铷原子钟、铯原子钟。

从时钟一般是从接收线路的码流中获取，也称为定时提取，定时提取常用的方式有锁相环法和窄带滤波器法。在实际工作过程中，从时钟的正常工作模式也称为锁定模式或跟踪模式，表示从时钟与跟踪的主时钟同步，这属于正常工作状态。此外，还可能工作在保持工作模式和自由运行模式。

当从时钟定时提取电路出现故障时，定时电路的基准时钟（线路信号）丢失，此时从时钟进入保持模式。保持模式就是指利用定时基准时钟丢失之前所存储的频率信息作为定时基准时从时钟的工作模式。

当定时电路的基准时钟（线路信号）丢失，同时定时提取电路失去基准时钟记忆或根本就没有保持模式，此时从时钟只能采用从本端的内部振荡器产生的时钟，此时从时钟的工作模式称为自由运行模式。

### （二）SDH 网同步方式

数字（时钟）同步网是指提供基准定时信号的网络。该网中所有正常运行条件下的时钟具有相同的长期频率准确度。数字同步网是一种支撑网，由节点时钟和同步链路组成，既支撑业务网同步，也支撑 SDH 传送网同步。

从工作原理上可以将 SDH 网同步的工作方式划分为同步方式、伪同步方式、准同步方式和异步方式。

### （三）SDH 网元的定时方式

为了实现 SDH 网同步，SDH 网元可采用外同步输入定时、通过定时、环路定时、线路定时和内部定时五种不同的定时方法。

### 六、SDH 的传输性能参数

### （一）误码的影响

SDH 数字信号可以通过光缆、微波、卫星进行传输，理想的光纤传输系统性能是十分稳定的，但在实际运行过程中，同样会产生误码。

总的来讲，误码使传输的信息质量产生损伤，但是对于不同的数据业务，在同样误码率的情况下，误码对信息的影响是不同的。例如，PCM 数字话音信号冗余大，当平均误码率为 $10^{-3}$，仍然能够正常通话。对于同样数量误码，集中突发差错情况比随机分散差错的情况更有害。对于数据信号，通常采用包传送，此时随机分散的误码比集中突发的误码更有害。

早期数字传输系统主要使用平均误码率作为传输的可靠性指标，但是随着现代通信网数据业务的上升，考虑到实际传输系统中有突发性误码，所以平均误码率不再适合传输系统性能指标。现代误码指标常采用误码块、误码秒等作为衡量误码性能的参数。

### (二) 误码描述参数

1.块（Block）

信息块（简称块）就是一组有关联的信息比特构成的码组。在传输过程中，如果块中出现一个以上的码元差错就称其为误码块。

2.异常（Anomaly）

信息传输过程中的实际特性与理想特性之间观察到的最小差异称为异常。

3.缺陷（Defect）

当异常出现的频繁程度达到影响传输系统执行功能的程度时称为缺陷。

4.失效（Failure）

当发生故障的持续时间长到足以认为传输系统已丧失其执行功能能力时，认为系统功能已经失效。

传输系统在工作过程中，需实时监测系统是否处于异常、缺陷或失效状态，以采取相应的处理措施。

### (三) 误码性能描述参数

误码性能事件有误块、误块秒、误码秒、差错秒、严重误码秒、严重误块期、背景误块。

1.误块（EB）

当一个块中有 1 个或多个比特差错时，称该块为误块。

2.误块秒（EBS）

如果在1s时间周期内有1个或多个误块，称该秒为误块秒。

3.误码秒（ES）

如果在1s时间周期内有1个或多个差错比特，称该秒为误码秒。

4.差错秒

误码秒和误块秒统称为差错秒。

5.严重误块秒（SES）

如果在1s中差错特别多，误块数量大于或等于30%或者至少有一个缺陷时，称为严重误块秒。如1s中的2000个块中误块数量等于或超过600个，称该秒为严重误块秒。严重误块秒是误块秒的一个特例。

6.严重误块期（SEP）

当发生连续3~9个严重误块秒（SES）时，同时该序列以一个非严重误块秒（SES）结束时，称其为严重误块期。

7.背景误块（BBE）

除严重误块秒（SES）以外的误块称为背景误块。

## 七、SDH 的网络管理

### （一）SDH 网管概念

SDH 管理网（SDH Management Network, SMN）是电信管理网（Telecommunication Management Network, TMN）中的一部分，主要负责管理 SDH 传输网的网元。SMN 可以分为若干个 SDH 管理子网 SMS（Management Sub-network, SDH）。

SMN 中的 SMS 是由一系列分离的嵌入控制通路 ECC（Embedded Control Channel）及有关站内数据通信链路组成，并构成整个 TMN 的有机部分。ECC 以段开销中 D1~D12 字节作为物理层，总速率达 768kbit/s。具有智能的网络单元和采用 ECC 是 SMN 的重要特点，两者的结合使 TMN 信息传送和响应时间大大缩短，而且可以将网管功能经 ECC 下载给网络单元，以实现分布式管理。可以说具有强大的、有效的网络管理能力是 SDH 的基本特点。

### (二) SDH 网管的分层结构

SDH 的网络管理的三层分别为网元层、网元管理层和网络管理层。

1.网元层

SDH 网元层主要负责 SDH 网元自身的管理，使 SDH 网元具有基本配置、故障和性能管理等功能，这里的网元就是 SDH 的各种设备。SDH 网元层的管理可以是分布式管理，也可以是集中式管理。在分布式管理情况下，由于网络管理系统将很多管理功能软件下载到网元上，网元自身具有较强的管理功能，对网元的各种事件能够快速反应，并进行处理。

2.网元管理层

SDH 的网元管理层主要负责一组网元的控制管理。作为网元管理系统（Element Management System, EMS），SDH 网元管理层的管理功能主要有网络配置管理、性能管理、故障管理和安全管理功能。

3.网络管理层

网络管理层负责对辖区的网络进行集中式或分布式控制管理，例如电路配置、网络监视和网络分析统计等功能可以实现集中控制，而维护、告警处理和保护等功能则可以分配给地区性子网管理中心。

网络管理层负责对所管辖区域进行集中式或分布式控制管理。作为网络管理系统，网络管理层具有 TMN 要求的主要功能。

网元管理层与网络管理层的主要区别是，网元管理层主要负责对网元设备的配置、网元设备的故障、网元设备的性能等进行管理；而网络管理主要是对网络的路径和通道进行配置，对状态和性能等进行监视管理。

### (三) 本地维护终端 (LCT)

本地维护终端（Local Craft Terminal, LCT）是对 EMS 的有效补充，可以直接在网元上插入，监视网元的工作状态，并用于设备开通之前初试配置和单个网元的日常维护。LCT 独立于 EMS，对网元的管理或控制必须由 EMS 授权，EMS 可以设置 LCT 接入状态为只读或读写。

LCT 的硬件主要是采用便携式计算机，直接在网元上接入即可。LCT 应具有 EMS 对单个元管理的所有功能。

# 第四节　多业务传送平台（MSTP）

## 一、MSTP 主要特点

多业务传送平台（Multi-Service Transfer Platform, MSTP）是以 SDH 技术为基础，将多种业务进行汇聚并进行有效适配，实现多业务的综合接入和传送。

MSTP 明显优于 SDH，其主要特点如下：

（1）继承了 SDH 技术的诸多优点。如良好的网络保护倒换性能，对 TDM 业务有较好的支持能力等。

（2）支持多种物理接口。由于 MSTP 设备负责业务的接入、汇聚和传输，所以 MSTP 必须支持多种物理接口，从而支持多种业务的接入和处理。常见的接口类型有 PDH 接口、SDH 接口、以太网（10/100BaseT、GE）接口。

（3）支持多种协议。MSTP 对多业务的支持要求其必须具有对多种协议的支持能力，通过对多种协议的支持来增强网络边缘的智能性；通过对不同业务的聚合、交换来提供对不同类型传输流的分离。

（4）支持多种光纤传输。MSTP 根据在网络中位置的不同有着多种不同的信号类型，当 MSTP 位于核心骨干网时，信号类型最低为 STM-16 并可以扩展至 STM-64 和密集波分复用（DWDM）；当 MSTP 位于边缘接入和汇聚层时，信号类型从 STM-1/STM-4 开始并可以在将来扩展至支持 DWDM 的 STM-16。

（5）提供集成的数字交叉连接交换。MSTP 可以在网络边缘完成大部分交叉连接功能，从而节省传输带宽以及省去核心层中昂贵的数字交叉连接系统端口。

（6）支持动态带宽分配。MSTP 可以对带宽进行灵活分配，带宽可分配粒度（最小级联单位）为 2Mbit/s，一些厂家通过自己的协议可以把带宽分配粒度调整为 576kbit/s，即可以实现对 SDH 帧中列级别上的带宽分配；通过对 G.7042 中定义的链路容量调整方案（Link Capacity Adjustment Scheme,

LCAS）的支持可以实现对链路带宽的动态配置和调整。

（7）链路的高效建立能力。面对用户不断提高的即时带宽要求和 IP 业务流量的增加，MSTP 能够提供高效的链路配置、维护和管理能力。

（8）协议和接口的分离。MSTP 设备可以把协议处理与物理接口分离开，能够提供"到任务端口的任何协议"的功能，这增加了在使用给定端口集合时的灵活性和扩展性。

（9）提供综合网络管理功能。MSTP 管理是面向整个网络的，因此网络的业务配置、性能告警监控也都是面向用户提供的网络业务，为了便于网络的维护和管理，要求其网络系统能够根据指示的网络业务的源、宿和相应要求，具有自动提供网络业务的能力，避免传统的 SDH 系统需要逐个进行网元业务配置和操作，从而能够快速提供业务。

MSTP 系列设备为传输网节点设备，是数据网和语音网融合的桥接区。MSTP 设备可以应用在传输网各层。对于骨干层，主要进行中心节点之间大容量高速 SDH、IP、ATM 业务的承载、调度并提供保护；对于汇聚层，主要完成接入层到骨干层的 SDH、IP、ATM 多业务汇聚；对于接入层，MSTP 则完成用户需求业务的接入。

## 二、级联

级联技术就是用级联的方法将多个容器捆绑在一起组装一个大的容器来满足数据业务传输需求的过程。级联技术可以级联从 VC-12 到 VC-4 等不同速率的容器。

级联可分为连续级联与虚级联两种方式。

连续级联是指被级联的各个 VC-$n$ 是连续排列的，在传送时被捆绑成为一个整体来考虑，用 VC-$n$-Xc 表示，其中 $n$ 表示 VC 容器的级别，X 表示被级联 VC-$n$ 的数目，c 表示"连续"的英文字头。VC-$n$-Xc 仅需要其中的一个 VC-$n$ 的 POH 字节进行级联通道 VC-$n$-Xc 的管理。

虚级联是指被级联的各个 VC-$n$ 并不连续排列，用 VC-$n$-Xv 表示，其中字母 v 表示"虚"的英文字头。虚级联在应用上更加灵活，但组成虚级联的各个 VC-$n$ 可能独立传送，因此各个 VC-$n$ 都需要各自的 POH 来实现通道管理。

级联概念在 MSTP 技术中占有重要的地位。利用 VC 级联技术可实现以太网带宽与 SDH 虚通道的速率适配，从而实现对带宽的灵活配置，尤其是虚级联技术能够支持带宽的充分利用。

虚级联最大的优势在于它可以使 SDH 为用户提供合适带宽的数据业务通道，避免带宽的浪费。虚级联技术可以使带宽以很小的颗粒度来调整以适应用户的需求，ITU-TG.7070 协议中定义的最小可分配粒度为 2Mbit/s。

## 三、通用成帧规程

通用成帧规程（Generic Framing Procedure, GFP）是一种数据信号适配、映射技术，可以透明地将上层的各种数据信号封装为在 SDH 传输网络中的有效信号。

以太网的业务具有突发和帧长不定的特性，所以在 SDH 网中进行传输时需要引入合适的数据链路层适配协议来完成以太网数据的封装，实现到 SDH 虚容器的映射。现有的封装协议有点对点协议（Point to Point Protocol, PPP），SDH 上的链路接入规程（Link Access Procedure-SDH, LAPS）和 GFP，相对于 PPP 和 LAPS，GFP 的主要特点是采用高效的帧定界方式，减小了字节开销，提高了传输效率；GFP 打破了链路层适配协议只能支持点到点拓扑结构的局限性，可以实现对不同拓扑结构的支持。

## 四、链路容量调整方案

链路容量调整方案（Link Capacity Adjustment Scheme, LCAS）可以被看作一种在虚级联技术基础上的较为简单的调节机制。虚级联技术只是规定了可以把多个 VC 级联起来以满足用户的带宽需求，但是在现实中数据流的带宽是实时变化的，如何在不中断数据流的情况下动态地调整虚级联通道容量就是 LCAS 所覆盖的内容。在 ITU-T G.7042 中定义了链路容量调整方案协议。

LCAS 是一个双向的协议，LCAS 复帧结构仍采用 VC 级联的帧结构，但是 VC 的通道附加管理字节定义了新的字段，如状态的控制字、再排序确认比特、成员状态字段，循环冗余校验字段等。表示状态的控制包会实时地在收发节点之间进行交换，控制字段将指示级联 VC 的六种状态：固定、增加、正常、结束、空闲、不使用。

在级联传输过程中，需要进行链路容量调整的原因有多种，如业务带宽需求发生了变化，要求调整链路容量；如级联 VC 组中部分 VC 传输路径出现了故障。需要说明的是，在进行链路容量调整之前，收发双方需要交换控制信息之后，才能在调整后的级联链路上传输用户信息。

# 第五节 波分复用（WDM）

光纤的可用带宽约40THz，而商用的电信号处理信息速度最大为10Gbit/s。为了解决光纤通信网存在的这个电子瓶颈问题，目前在光纤通信系统中，广泛采用了波分复用（Wavelength Division Multiplexing, WDM）技术。波分复用（WDM）技术是满足传输网络带宽需求剧增的有效途径。

## 一、波分复用概念

波分复用是用一根光纤同时传输几种不同波长的光波信号。波分复用是将光纤的可用频带划分为若干个小容量信道，将多个不同波长的光信号脉冲由光合波器（Optical Multiplexer, OM）合成一束光波耦合进入光纤进行传输，接收端用光分波器（Optical De-multiplexer, OD）把不同波长的光波分离开，分别输入各个分系统的光接收机。

## 二、粗波分与细波分

粗波分复用（Coarse Wavelength Division Multiplexing, CWDM）又称稀疏波分复用。粗波分复用是一种利用光复用器将在不同光纤中传输的波长复用到一根光纤中传输的技术，它的通道比密集波分复用（Dense Wavelength Division Multiplexing, DWDM）少，但比标准波分复用多，DWDM 有时也被称为细波分。

CWDM 系统复用波长之间间隔比较宽，为 20nm，DWDM 则为 0.4nm。因此 CWDM 对激光器、复用 / 解复用器的要求大大降低，极大地降低了扩容成本。在典型的 CWDM 系统中，激光发射器包含八个信道，有八种定义的波长：1610nm、1590nm、1570nm、1550nm、1530nm、1510nm、1490nm 和 1470nm。最多允许 18 个不同的信道，波长范围最低至 1270nm。

CWDM 系统中的激光能量比 DWDM 中的更广，CWDM 的激光容差（波长的不精确和可变性）能够在 ±3nm 之间，而 DWDM 激光的容差要足够小才可以。由于能够使用低精度的激光器，因此 CWDM 系统将比 DWDM 系统的成本低，不过两个节点间的最大距离则比 DWDM 小。

CWDM 信道间隔 20nm，通带宽度约 13nm，而 DWDM 信道间隔通常为 0.4nm、0.8nn 或 1.6nm。考虑到光放大器特性，1550nm 的 CWDM 信道可以替换成若干个 DWDM 信道而增加有效信道数量。这种 CWDM 系统升级方案的投资成本较低，同时适应更长距离的传输环境。

# 第六节　光传送网（OTN）

全光通信网（All Optical Network, AON）指用户与用户之间的信号传输与交换全部采用光波技术，即数据从源节点到目的节点的传输过程都在光域内进行，以光节点取代现有网络的电节点，并用光纤将光节点连成网。而其在各网络节点的交换则采用全光网络交换技术。因此，它不受检测器、调制器等光电器件响应速度的限制，对比特速率和调制方式透明，可以大大提高整个网络的传输容量和交换节点的吞吐量。

OTN 技术目前已应用于我国高速铁路传输网。根据铁路传输网相关规范要求，我国铁路通信传输系统的骨干层优先采用 OTN+SDH 技术，汇聚层宜采用 OTN+SDH/MSTP 技术，也可采用 SDH/MSTP 技术。

## 一、光传送网概念

OTN 是在现有的传送网中加入光层，提供光交叉连接和分插复用功能以及有关客户层信号的传送、复用、选路、管理、监控和生存性功能。OTN 子网内全光透明，而在子网边界处采用 O/E/O 技术。它以波分复用技术为基础，在光层组织网络。

OTN 具有大容量、易管理、灵活性和透明性等一系列显著优势。OTN 综合了 SDH 的优点和 WDM 的带宽可扩展性，集传送和交换能力于一体，是承载宽带 IP 业务的理想平台。OTN 概念涵盖了光层和电层两层网络，其技术继承了 SDH 和 WDM 的双重优势，主要体现在以下几个方面：

(1) 多业务透明传输和高效的业务复用封装；

(2) 从静态的点到点 WDM 演进成动态的光调度设备；

(3) 提供快速、可靠的大颗粒业务保护能力；

(4) 强大的运维管理能力；

(5) 增强了组网能力。

### 二、光传送网参考结构

在我国高速铁路传输网中，OTN 网络分为传送层、管理层和控制层三个层面。OTN 网络的控制层为可选项，通过控制层提供网络的智能特性，根据业务服务等级，实现基于控制层的自动恢复和保护。当 OTN 网络不配置控制层时，在传送层提供业务的保护。

OTN 传送层网络从垂直方向分为光通路（OCh）层网络、光复用段（OMS）层网络和光传输段（OTS）层网络三层。

# 第七节　分组传送网（PTN）

分组传送网（Packet Transport Network, PTN）基于 SDH 的多业务传送平台技术（MSTP）而产生。虽然在一定程度上提供了电信级分组业务的传送功能，但 MSTP 仍然是以 TE 作为内核，越来越难以满足以分组业务为主的应用需求，所以需要一种新的技术，也就是 PTN。

根据相关规范要求，我国铁路通信传输系统的接入层采用 SDH/MSTP 技术，此外，也可适时采用 PTN 技术。

### 一、分组传送网概念

PTN 是指这样一种光传送网络架构和具体技术：在 IP 业务和底层光传输媒质之间设置了一个层面，它针对分组业务流量的突发性和统计复用传送的要求而设计，以分组业务为核心并支持多业务提供，具有更低的总体使用成本，同时秉承光传输的传统优势，包括可用性和可靠性、高效的带宽管理机制和流量工程、便捷的 OAM（Operation Administration and Maintenance）和网管、可扩展、较高的安全性等。

PTN 的优点有很多，例如，它有适合各种粗细颗粒业务、端到端的组网能力，它能够提供一种"柔性"传输管道，更加适合于 IP 业务特性；同时它可以支持多种基于分组交换业务的双向点对点连接通道；它可以在 50ms内完成点对点连接通道的保护切换，可实现传输级别的业务保护和恢复；它继承了 SDH 技术的操作、管理和维护机制，具有点对点连接的完整 OAM功能，保证网络具备保护切换、错误检测和通道监控能力；网管系统可以控制连接信道的建立和设置，实现了业务 QoS 的区分和保证等。

## 二、分组传送网架构

PTN 技术结合了以太网和一种用于快速数据包交换和路由的体系——多协议标签交换（Multi-Protocol Label Switching, MPLS）的优点，提供了一种扁平化、可运营、低成本的融合网络架构。

PTN 可分为以太网增强技术和传输技术相结合 MPLS 两大类，前者以 PBB-TE 为代表，后者以 T-MPLS 为代表。PBB 技术的基本思路是将用户的以太网数据帧再封装一个运营商的以太网帧头，形成两个 MAC 地址。T-MPLS（Transport MPLS）是一种面向连接的分组传送技术，在传送网络中，将客户信号映射进 MPLS 帧并利用 MPLS 机制（如标签交换、标签堆栈）进行转发，同时它增加了传送层的基本功能，如连接和性能监测、生存性（保护恢复）、管理和控制面。

# 第八节　高速铁路传输系统

高速铁路传输网骨干层是铁路传输网汇聚层（局干层）的一部分，主要职责是完成各主干节点间的各类业务连接 / 调度，同时作为高速铁路网络与既有系统的互联层，主要承载铁路总公司到铁路局、铁路局到车站，铁路局间的信息传送；接入层的主要职责是完成对车站，区间节点业务的接入，并将其转接到骨干层。

高速铁路传输系统提供了高速铁路沿线车站及区间的 GSM-R 基站、信号中继站、牵引供电和电力供电段所等业务节点的业务接入与传输，为铁路电路交换的通信业务组网以及安全性较高的数据业务组网提供各种带宽的电路。为保证建成后的客运专线能安全、高效地运营，传输系统应为高速铁路各通信子系统及信号系统、电力供电、牵引供电系统等控制系统提供可靠、冗余、可重构、灵活的通道，成为保证铁路运行所必须的信息承载网络。

## 一、传输网方案及构成

### (一) 干线光缆

利用铁路正线两侧槽道敷设两条干线光缆，同时引入沿线车站 (采用环引入) 及基站、信号中继站、牵引供电等信息接入节点 (采用分歧引入)。

### (二) 网络结构

高速铁路传输网采用 MSTP 技术按骨干汇聚层、接入层两层网络设计。一般采用 STM-64(10Gbit/s) 系统组建多业务传输平台 (MSTP) 骨干汇聚层，采用 STM-4(622Mbit/s) 系统组建多业务传输平台 (MSTP) 接入层。

1.骨干层传输系统

传输方案中骨干层为链形网络，高速铁路采用 MSP1+1 方式。高速铁路骨干层采用 STM-64ADM 设备，主干传输链路节点利用 4 芯光纤构成 STM-64 MSP1+1 传输系统链，在较大车站与当地既有骨干层或汇聚层传输系统互联，为重要业务提供保护通道。骨干层与接入层通过在每个车站间的 STM-4 光接口互联，需要在各车站间传送的业务将通过这些 STM-4 光接口进行调度。

2.接入层传输系统

接入层传输系统主要由车站接入设备、区间接入设备组成。在沿线车站作为接入层汇聚节点，设置车站汇聚设备 MSTP STM-4 ADM 设备 (能平滑升级到2.5G)，与骨干层之间采用 2 个 STM-4 互联。区间接入层节点主要完成各区间基站、信号、牵引供电等节点的业务接入。根据整个通信系统的容量估算，在区间接入层节点采用 STM-4 ADM 设备，并按节点类型不同组成不同的通道保护环实现对接入业务的保护，利用铁路两侧各 4~6 芯光纤组成 2~3 个二纤通道保护环实现各接入层站点的保护。

根据业务量，每个区间或枢纽内分为若干个 STM-4 环或 STM-1 环，具体取决于每个车站的接入业务量。

3.系统同步

每个 ADM 设备提供时钟输入和输出接口，支持 2Mbit/s，即 2MHz 接口。SDH 的时钟系统工作模式：跟踪、保持和自由振荡。

SDH 系统采用主、从同步和分段同步方式。高速铁路骨干层传输设备分段从新设 BITS 设备引接所需的主用定时信号，从相邻 BITS 设备引接备用定时信号，接入层传输设备分段从骨干传输层提取线路时钟信号。在 SDH 网络内部，可以形成时钟传递系统来传输时钟，每个设备可以从线路码流、支路码流提取时钟，或者自由振荡。

4. 系统网管

网元级网络管理系统提供网元级管理功能，它不但具备管理传统 SDH 设备的功能，还针对 MSTP 的特点，具备管理以太网、ATM 及其他数据接口的功能。

系统设计一般采用基于分布式的客户端、服务器、数据库的三层结构，使系统具备扩展性，其独立于操作系统和数据库的实现技术，使系统具备兼容性。

除了提供标准的网元管理功能，如配置、告警性能和安全管理功能；网管系统还提供基于网络层端到端的电路管理功能，网络拓扑及业务拓扑管理功能，基于电路的性能、告警的关联分析，以太网和 ATM 的端到端配置功能；向上级网管系统（北向接口）提供 CORBA（Common Object Request Broker Architecture）标准管理接口，为综合网管提供统一管理信息采集接口。传输系统网管的主要功能如下：

（1）SDH、ATM、以太网层的系统配置、性能管理、故障管理和安全管理功能。

（2）传输网络拓扑结构管理。支持分层的图形化方式的拓扑管理，支持拓扑自动发现，并实时自动与网络实际的拓扑（包括链路）同步。

（3）传输网同步管理。以图形方式显示当前网络的定时主从关系图及同步状态；可以实现定时主从关系图和同步状态显示。

（4）传输网络资源统计功能。可以对网元的端口及时隙使用情况做统计，也可以对链路的带宽使用情况进行统计，使用户及时了解网络资源瓶颈，进而及早优化网络。

在高速铁路传输网，网元级网管设备配置在铁路局网管中心，在沿线维护单位配置便携网管终端 LCT。

5.配套设备

（1）公务联络电话：每个站点均配置公务电话系统，用于站间的公务联络。每个骨干层和接入层 SDH 设备都提供公务电话功能。

（2）传输配套设备：高速铁路车站，段所各传输系统节点机房相应设置配套光纤配线架（ODF，Optical Distribution Frame）、数字配线架（Digital Distribution Frame, DDF）、总配线架（Main Distribution Frame, MDF）、中间配线柜或综合配线架。

根据铁路传输网相关规范要求，光传输通道转接经由光纤配线架（ODF）、电传输通道转接经由数字配线架（DDF）、以太网传输通道转接经由以太网络配线架（Ethernet Distribution Frame, EDF）。

## 二、传输系统承载业务

我国高速铁路传输系统主要承载如下业务：

（1）电话用户接入网系统；

（2）铁路数据通信网系统；

（3）铁路数字调度通信系统；

（4）GSM-R 铁路数字移动通信系统；

（5）铁路应急救援指挥通信系统；

（6）铁路会议电视系统；

（7）时钟及时间同步系统；

（8）铁路综合视频监控系统；

（9）铁路信号 CTC 系统；

（10）牵引供电 SCADA 系统；

（11）客票系统；

（12）铁路公安信息系统；

（13）铁路自然灾害及异物侵限监测系统；

（14）通信电源及机房环境监控系统。

# 第九节　高速铁路传输系统维护

铁路传输网采用以各级网管为核心，以沿线巡视检查为辅助的方式进行维护管理，网管中心负责管内设备运行状况的监测，指挥并协调相关维护单位进行设备维护和故障处理。传输网的管理包括设备管理、资源管理和安全管理。

## 一、资源管理分工

传输网电路依据传输网分层结构，分为三级管理：干线电路（一级电路）、局线电路（二级电路）和本地电路（三级电路）。干线电路是铁路总公司到铁路局和铁路局之间的长途电路，其资源管理由铁路总公司运输局负责，日常管理由北京铁路通信技术中心负责；局线电路是铁路局管内的长途电路，其资源管理由铁路局电务处负责；本地电路资源管理由铁路局电务处或通信（电务）段负责。

## 二、安全管理

在业务开通、电路测试、故障处理等生产作业过程中，必须牢固树立"全程全网"和"端端"负责的理念，在业务指挥方面严格遵守业务指挥及电路纪律。

（1）下级网管服从上级网管，现场服从网管的统一指挥；

（2）上部站指挥下部站。上部站不受铁路局管界的限制，可以直接指挥或越级指挥；各部站必须服从统一指挥。

上部站和下部站的确定：根据铁路总公司和铁路局的地理位置确定上部站和下部站。在通信站等级相同时，靠近北京一端的通信站为上部站，或由铁路总公司、铁路局指定上部站。多转接段电路，由电路终端站或始端站负责掌握全程的质量，转接站必须执行两端站提出的有关改善电路质量的要求。当出现故障时，由两端站负责组织查找，各转接站应积极配合。传输室与各相关节点之间公务联络电话应保持畅通，在全程电路测试调整、业务联系以及故障处理中应确保其发挥作用。

在传输设备进行维修工作时，应严格执行铁路总公司、铁路局营业线施工管理的有关规定，办理相关手续。施工前应与相关部门取得联系；作业中如有可能影响通信正常使用时，应随时保持联系；工作完毕，应通知有关机械室进行业务恢复试验，确认试验结果良好后方能离开工作现场，并及时做好维修记录。

### 三、设备维护要求

#### (一) 维修的分类

(1) 日常维护：指按照维护作业计划及要求定期对传输设备、网络及配套设施进行巡检，清洁和数据备份等日常操作和周期性测试，及时了解网络运行情况，通过阶段性性能数据分析及时发现网络隐患，并随时排除故障，确保通信畅通。

(2) 集中检修：指恢复、改善与提高设备的强度和性能，且技术性较强的专业维护作业，包括设备轮修、检修，以及系统性能测试和调整等。其基本任务是较深层次恢复和改善管内各通信系统和设备运行质量。

(3) 重点整治：指对网络存在的重大隐患 (如大范围运行指标劣化等) 进行专题解决，或对网络进行优化调整。通过重点整治，解决重大网络隐患，保证网络运行质量。

传输网设备的维护主要是依靠相应的网管系统进行。网管机构值班人员应具备熟练使用网管系统指导维护工作的能力，通信车间维护人员在日常维护工作中，必须在网管机构的指导下进行操作。

#### (二) 维护项目

在高速铁路实际应用中，光缆、SDH 和 MSTP 设备的维护是传输网中最主要的部分。SDH/MSTP 系统维护项目包括设备运行状况巡视检查，防尘（风扇）网检查清洗，保护倒换检查，告警、误码性能事件检查分析处理，电源、SDH 光接口的光功率，通道误码性能测试，电路数据核对等。在传输网中运行的所有 SDH/MSTP 系统应满足相应的质量标准。各级网管中心需要定期收集光通道 / 通道、光复用段 / 复用段、再生段各种性能参数和运行状况。定期核对各种参数（如配置数据、参数设置、主备倒换和同步源设定等），如发现有误应及时纠正。

光缆维护的基本任务是积极预防，迅速发现、修复障碍，保持和优化线路传输性能，以提高维护对业务的支撑力度和线路资源质量的使用效能。

与设备维护相类似，光缆线路维护活动也可分为故障抢修和日常修复等修复性维护以及计划维护、预知维护、预先维护等预防性维护。日常维护的重点是根据区域特点定期进行光电缆线路巡视和护线宣传，及时发现问题，排除故障因素，确保通信畅通；对通信线路及附属设备进行补充维护，保证光电缆线路及附属设备的完整良好，从而预防故障发生。重点整治更换不合格的接头、地线、地线断开装置；整治埋深不够、防护不善等问题；克服传输特性严重下降区段；改善线路径路不符合建筑接近限界规定的处所。提升线路抗灾抗干扰能力，巩固提高光、电特性指标，确保线路传输质量。另外，周期性进行光缆中修、大修有利于成段提高光缆的质量指标。

## 四、主要技术标准

误码性能是衡量 SDH/MSTP 系统电路质量的重要指标，光通道 / 通道在运行中的各类维护测试，主要是测试误码性能。在查找故障或判别误码不合格原因时，应分段测试，并可选择其他项目，如光功率、抖动和漂移、电接口和光接口特性以及定时同步等进行测试。

### （一）SDH 系统误码指标

对于同一个 STM-N 中的多个高阶通道，应至少选择其中一个高阶通道进行 24h 的投入业务测试，其余的相同起止点的高阶通道测 2h。对于同一高阶通道中的多个低阶通道，至少应有 1 个低阶通道要进行 24h 的 BIS 测试，其余相同起止点的通道应进行 2h 的 BIS 测试。

**（二）保护倒换时间要求**

根据 ITU-TG.841 建议要求，复用段保护环环上（如无额外业务、无预先的桥接请求），且光纤长度少于 1200km，则倒换时间应少于 50ms（不含保护条件的检测时间）。

**（三）光缆的质量标准**

光缆维护的质量从物理形态和技术特性两个方面进行判定。

在物理形态上，主要是保证光缆路由、埋深及周边环境对光缆的危害应在一定的指标限值内，例如，与 35kV 以下电力电缆间的最小平行接近限界大于或等于 0.5m，与 35kV 及以上电力电缆间的平行最小接近限界大于或等于 2m；管道敷设的光缆与铁轨交越时，其管道顶距轨道底部最小接近限界应大于或等于 1.5m；直埋光电缆线路标桩、警示牌埋设位置准确、标志清楚、字体正直完整。线路标桩偏离光缆的距离不能大于 10cm，周围 0.5m 范围内无杂草、杂物。人孔、手孔引上管、管（槽）道、通道的进出口防护设施齐全、稳固、整齐、美观。光缆径路应稳固，槽道盖板平整稳固无缺损，隧道口两端各 5m 槽道盖板应用水泥勾缝。桥涵有防护、防盗措施，严禁防护钢管外露，钢槽入地处应砌护墩，穿越渠栏、河流、上下坡、岸滩和危险地段可采取片石覆坡（护坡）加固措施等。

# 第三章　高速铁路数据通信网

## 第一节　数据通信网基本概念

### 一、OSI 参考模型

开放系统互联（Open System Interconnection, OSI）七层网络模型称为开放式系统互联参考模型，是一个逻辑上的定义和规范，它从逻辑上把网络分为七层。每一层都有相关、相对应的物理设备。

#### （一）OSI 参考模型层次划分的主要原则

OSI 参考模型定义了开放系统的层次结构、层次之间的相互关系，以及各层次所包含的可能服务。OSI 参考模型并不是一个标准，而是一种在制定标准时所使用的概念性框架。建立七层模型概念的主要目的是解决异种网络互联时所遇到的兼容性问题。它的最大优点是将服务、接口和协议这三个概念明确地区分开来。

OSI 参考模型将通信功能划分为 7 个层次，其层次划分的主要原则是：

（1）网中各主机都具有相同的层次。

（2）不同主机的同等层具有相同的功能。

（3）同一主机内相邻层之间通过接口通信。

（4）每一层可以使用下层提供的服务，并向其上层提供服务。

（5）不同主机的同等层通过协议来实现同等层之间的通信。

#### （二）OSI 参考模型各层的主要功能

OSI 参考模型把网络通信的工作分为 7 层。1～4 层被认为是低层，这些层与数据移动密切相关。5～7 层是高层，包含应用程序级的数据。每一层负责一项具体的工作，然后把数据传送到下一层。模型结构包括以下七层：

物理层、数据链路层、网络层、传输层、会话层、表示层和应用层。

1. 物理层

物理层是 OSI 参考模型的最低层，通过传输介质为通信的主机之间建立、管理和释放物理连接，实现比特流的透明传输，进而为数据链路层提供数据传输服务。物理层传输数据是比特。

2. 数据链路层

数据链路层主要作用是控制网络层与物理层之间的通信。数据链路层在物理层提供比特流传输的基础上，通过建立数据链路连接，可采用差错控制与流量控制的方法。数据传输的单元是帧。数据链路层保证了数据在不可靠的物理线路上进行可靠的传递，把从网络层接收到的数据分割成特定的可被物理层传输的帧，保证了传输的可靠性。它的主要作用包括物理地址寻址、数据的成帧、流量控制，数据的检错、重发等。它独立于网络层和物理层，工作时无须关心计算机是否正在运行软件还是其他操作。

3. 网络层

网络层相邻的低层是数据链路层，高层是传输层。网络层通过路由选择算法为分组通过通信子网选择适当的传输路径，实现流量控制、拥塞控制与网络互联的功能。网络层的数据传输单元是分组。

4. 传输层

传输层是 OSI 模型中最重要的一层，低层为网络层，高层为会话层，为分布在不同地理位置计算机的进程提供可靠的端到端连接与数据传输服务。传输层向高层屏蔽了低层数据通信细节。传输层的数据传输单元是报文。

5. 会话层

会话层相邻的低层是传输层，高层是表示层。会话层负责维护两个会话主机之间连接的建立、管理和终止，以及数据的交换。

6. 表示层

表示层相邻的低层是会话层，高层是应用层。表示层负责通信系统之间的数据格式变换、数据加密与解密、数据压缩与恢复。

7. 应用层

应用层是参考模型的最高层，为操作系统或网络应用程序提供访问网络服务的接口。

## 二、TCP/IP 协议体系

TCP/IP（Transmission Control Protocol/Internet Protocol）是 Internet 最基本的协议、Internet 国际互联网络的基础。核心协议主要由网络层的 IP 协议和传输层的 TCP 协议组成。

TCP/IP 的广泛应用对 Internet 的形成起到了重要的推动作用，而 Internet 的发展进一步扩大了 TCP/IP 的影响。TCP/IP 已经成为公认的 Internet 工业标准与事实上的 Internet 协议标准。

TCP/IP 中 IP 协议共出现过 6 个版本。目前使用的 TCP/IP 是版本 4，即 IPv4。版本 5 是基于 OSI 模型而提出的，它一直处于建议阶段，因此尚未形成标准。IETF 提出了 TCP/IP 的版本 6，即 IPv6。IPv6 被称为"下一代的 IP"。

### （一）TCP/IP 的特点

TCP/IP 是 Internet 中重要的通信规则，规定了计算机通信所使用的协议数据单元、格式、报头与相应的动作。TCP/IP 协议体系具有以下几个重要特点：

（1）开放的协议标准。

（2）独立于特定的计算机硬件与操作系统。

（3）独立于特定的网络硬件，可以运行在局域网、广域网，更适用于互联网络。

（4）统一的网络地址分配方案，所有网络设备在 Internet 中都有唯一的 IP 地址。

（5）标准化的应用层协议，可以提供多种拥有大量用户的网络服务。

### （二）TCP/IP 各层的主要功能及协议

1. TCP/IP 参考模型的层次

TCP/IP 参考模型可以分为 4 个层次：应用层、传输层、互联层、网络接口层。

从功能的角度来看，TCP/IP 参考模型与 OSI 参考模型的应用层、表示层、会话层对应；TCP/IP 参考模型的传输层与 OSI 参考模型的传输层对应；TCP/IP 参考模型的互联层与 OSI 参考模型的网络层对应；TCP/IP 参考模型的网络接口层与 OSI 参考模型的数据链路层和物理层对应。

2. TCP/IP 各层的主要功能及协议

（1）网络接口层。网络接口层是 TCP/IP 参考模型的最低层，它主要负责接收和发送 IP 分组。TCP/IP 协议对主机 – 网络层并没有规定具体的协议，它采取开放策略，允许使用广域网、局域网与城域网的各种协议。任何一种流行的低层传输协议都可以与 TCP/IP 互联网络层接口。这正体现了 TCP/IP 体系的开放性、兼容性的特点，也是 TCP/IP 成功运用的基础。

网络接口层涉及在通信信道上传输的原始比特流，它实现了传输数据所需要的机械、电气、功能及过程等手段，提供检错、纠错、同步等措施，使之对网络层呈现一条无错线路，并进行流量调控。

该层主要涉及 OSI 的七层中物理层和数据链路层两层协议。物理层协议可以分为两类：基于点对点通信线路的物理层协议与基于广播通信线路的物理层协议。物理层标准根据计算机网络采用的不同技术，相应的制定一种新的物理层标准，协议标准增加最快，其他层协议体系相对比较稳定，在此不做重点描述。数据链路层典型协议主要是：高级数据链路层 HDLC 协议与点对点 PPP 协议。

（2）互联层。TCP/IP 参考模型互联网络使用的是 IP 协议。IP 是一种不可靠、无连接的数据包传输服务协议，它提供的是一种"尽力而为"的服务。互联层的协议数据单元分组是 IP 分组。

互联层的主要功能包括：

① 处理来自传输层的数据发送请求。在接收到报文发送请求后，将传输层报文封装成 IP 分组，启动路由选择算法，选择适当的发送路径，并将分组转发到下一个节点。

② 处理接收的分组。在接收到其他节点发送的 IP 分组后，检查目的 IP 地址，如果目的地址为本节点的 IP 地址，则除去分组头，将分组数据交送传输层处理。如果需要转发，则通过路由选择算法为分组选择下一条节点的发送路径，并转发分组。

③处理网络的路由选择、流量控制与拥塞控制。

（3）传输层。传输层是负责在会话进程之间建立和维护端－端连接，实现网络环境中分布式进程通信。传输层定义两种不同的协议：传输控制协议（Transport Control Protocol，TCP）与用户数据报协议（User Datagram Protocol，UDP）。

TCP 是一种可靠的、面向连接、面向字节流（byte stream）的传输层协议，提供比较完善的流控制与拥塞控制功能。UDP 是一种不可靠的、无连接的传输层协议。

（4）应用层。应用层是 TCP/IP 参考模型中的最高层。应用层包括各种标准的网络应用协议，并且总是不断有新的协议加入。

应用层负责处理特定的应用程序细节。它显示接收到的信息，把用户的数据发送到低层，为应用软件提供网络接口。应用层包含大量常用的应用程序，文本传输协议（Hyper Text Transfer Protocol，HTTP）、远程登录 Telnet、FTP（File Transfer Protocol）等。

TCP/IP 应用层基本的协议主要有：

①远程登录协议（TELNET）。

②文件传输协议（File Transfer Protocol，FTP）。

③简单邮件传输协议（Simple Mail Transfer Protocol，SMTP）。

④超文本传输协议（Hyper Text Transfer Protocol，HTTP）。

⑤域名服务（DNS）协议。

⑥简单网络管理协议（Simple Network Management Protocol，SNMP）。

⑦动态主机配置协议（Dynamic Host Configuration Protocol DHCP）。

## 三、IP 地址

### （一）IP 地址简介

网际协议（IP）地址的结构为每个主机和路由器接口提供了 32 位二进制逻辑地址。其中包括网络部分与主机部分。

为方便书写及记忆，一个 IP 地址通常采用 0～255 之内的 4 个十进制数表示，并且在这些数字之间加上一个点。这些十进制数中的每一个都代表

32 位地址的其中 8 位，即所谓的八位位组，称为点分表示法。

1. IP 地址分类

按照原来的定义，IP 寻址标准并没有提供地址类，为了便于管理，后来加入了地址类的定义。地址类的实现将地址空间分解为数量有限的特大型网络（A 类）、数量较多的中等网络（B 类）和数量非常多的小型网络（C 类）。另外，还定义了特殊的地址类，包括 D 类（用于多点传送）和 E 类，通常指试验或研究类。

A 类地址：8 位分配给网络地址，24 位分配给主机地址。如果第 1 个 8 位位组中的最高位是 0，则地址是 A 类地址。这对应于 0～127 的可能的八位位组。在这些地址中，0 和 127 具有保留功能，所以实际的范围是 1～126。A 类中仅有 126 个网络可以使用。因为仅为网络地址保留了 8 位，第 1 位必须是 0。然而，主机数字可以有 24 位，所以每个网络可以有 16 777 214 个主机。

B 类地址：为网络地址分配 16 位，为主机地址分配 16 位，一个 B 类地址可以用第 1 个 8 位位组的头两位为 10 来识别。这对应的值从 128～191。既然头两位已经预先定义，则实际上为网络地址留下了 14 位，所以可能的组合产生了 16 384 个网络，而每个网络包含 65 534 个主机。

C 类地址：为网络地址分了 24 位，为主机地址留下了 8 位。C 类地址的前 8 位组的头 3 位为 110，这对应的十进制数从 192～223。在 C 类地址中，仅仅最后的 8 位位组用于主机地址，这限制了每个网络最多只能有 254 个主机。既然网络编号有 21 位可以使用（3 位已经预先设置为 110），则共有 2 097 152 个可能的网络。

D 类地址：以 1110 开始。这代表的八位位组从 224～239。这些地址并不用于标准的 IP 地址。相反，D 类地址指一组主机，它们作为多点传送小组的成员而注册。多点传送小组和电子邮件分配列表类似。正如可以使用分配列表名单来将一个消息发布给一群人一样，可以通过多点传送地址将数据发送给一些主机。多点传送需要特殊的路由配置，在默认的情况下，它不会转发。

E 类地址：如果第 1 个 8 位位组的前 4 位都设置为 1111，则地址是一个 E 类地址。这些地址的范围为 240～254，这类地址并不用于传统的 IP 地址。

这个地址类可用于实验室或研究。

2. 特殊的 IP 地址

IP 地址用于唯一的标识一台网络设备，但并不是每一个 IP 地址都是可用的，一些特殊的 IP 地址被用于各种各样的用途，而不能用于标识网络设备，一般不使用。

(1) 全 0 的网络号码：表示"本网络"或"我不知道号码的这个网络"。

(2) 全 1 的网络号码。

(3) 全 0 的主机号码：表示该 IP 地址就是网络地址。

(4) 全 1 的主机号码：表示广播地址，即对该网络上所有的主机进行广播。

(5) 全 0 的 P 地址，即 0.0.0.0。

(6) 网络号码 127.×.×.×（这里的 ×.×.× 为任何数）：用于本地软件回送测试（Loop-back Test）。

(7) 全 1 的 IP 地址 255.255.255.255：表示"向我的网络上的所有主机广播"，原先使用的是全 0 的 IP 地址。

## (二) 子网掩码

用 IP 地址中主机号码字段的前若干个比特作为子网号字段，可以将主机划分若干个子网，TCP/IP 体系规定用一个 32bit 的子网掩码来表示子网号字段的长度。子网掩码由一连串的"1"和一连串的"0"组成，"1"对应于网络号码和子网号字段，而"0"对应于主机号码字段。

1. 没有子网的编址

对于没有子网的 IP 地址组织，外部将该组织看作单一网络，不需要知道内部结构。例如，所有到地址 172.16.×.× 的路由被认为同一方向，不考虑地址的第三和第四个 8 位分组，这种方案的好处是减少路由表的项目。但这种方案无法区分一个大的网络内不同的子网网段，这使网络内所有主机都能收到在该大的网络内的广播，会降低网络的性能，另外也不利于管理。比如，一个 B 类网可容纳 65000 个主机在网络内。但是没有任何一个单位能够同时管理这么多主机。这就需要一种方法将这种网络分为不同的网段。按照各个子网段进行管理。通常主机位可以被细分为子网位与主机位。

2.带子网的编址

划分出来了不同的子网，即划分出了不同的逻辑网络。这些不同网络之间的通信通过路由器来完成，也就是说将原来一个大的广播域划分成了多个小的广播域。

网络设备使用子网掩码分别确定网络位、子网位、主机位。网络设备根据自身配置的 IP 地址与子网掩码，可以识别出一个 IP 数据包的目的地址是否与自己处在同一子网或处在同一主类网络但又处于不同子网或处于不同的主类网络。

### (三) 地址计算示例

对给定 IP 地址和子网掩码要求计算该 IP 地址所处的子网网络地址、子网的广播地址及可用 IP 地址范围。

(1) 将 IP 地址转换为二进制表示。

(2) 将子网掩码也转换成二进制表示。

(3) 在子网掩码的 1 与 0 之间画一条竖线，竖线左边为网络位 (包括子网位)，竖线右边为主机位。

(4) 将主机位全部置 0，网络位不变就是子网的网络地址。

(5) 将主机位全部置 1，网络位不变就是子网的广播地址。

(6) 介于子网的网络地址与子网的广播地址之间的即为子网内可用 IP 地址范围。

(7) 最后转换成十进制表示形式。

### (四) 可变长子网掩码 (VLSM)

定义子网掩码的时候，做出了假设，在整个网络中将一致地使用这个掩码。在许多情况下，这导致浪费了很多主机地址，同时无法实现把网络划分成不同大小的子网。

使用其中的一个子网，并进一步将其划分为第 2 级子网，将有效地"建立子网的子网"，并保留其他的子网，可以最大限度地利用 IP 地址。"建立子网的子网"的想法构成了 VLSM 的基础。

为使用 VLSM，定义一个基本的子网掩码，它将用于划分第 1 级子网，然后用第 2 级掩码来划分一个或多个 1 级子网。

### (五) IPv6

IPv6（Internet Protocol Version 6），其中 Internet Protocol 译为"互联网协议"。IPv 是互联网工程任务组（Internet Engineering Task Force, IETF）设计的用于替代现行版本 IP 协议（IPv4）的下一代 IP 协议。IPv6 是为了解决 IPv4 地址空间匮乏、路由表过于庞大、不能支持实时业务等问题。对比 IPv4，IPv6 有如下几个优点：

（1）解决了 IPv4 地址限制和庞大路由表问题。

（2）为网络新的应用建立基础。

（3）IPv6 采用流类别和流标记实现优先级，可实现非默认的服务质量或实时的服务等特殊处理。

（4）采用 IPv6 可以实现即插即用，有利于支持移动节点。

（5）IPv6 内置 IPSec，可以提供 IP 层的安全性。

（6）IPv6 通过实现一系列的自动发现和自动配置功能，简化了网络节点的管理和维护。

## 四、路由协议

路由协议（Routing Selection）也称为路由选择协议，用于路由器动态寻找网络最佳路径，以保证所有路由器拥有相同的路由表。一般路由协议决定数据包在网络上的行走路径。路由协议允许路由器与其他路由交换消息来修改和维护路由选择表。下面简单介绍路由表的基本概念、部分路由协议概念及比较。

### (一) 路由及路由表

1.路由的概念

IP 网络中的路由是指导 IP 报文发送的路径信息。

在数据通信网中要使用路由器进行路由选择，路由器只是根据所收到的数据报头的目的地址选择一个合适的路径（通过某一个网络），将数据包传送到下一个路由器，路径上最后的路由器负责将数据包送交目的主机。数据包在网络上的传输就好像是体育运动中的接力赛一样，每一个路由器只负责自己本站数据包通过最优的路径转发，通过多个路由器一站一站地接力将数据包通过最佳路径转发到目的地，当然有时候由于实施一些路由策略，数据包通过的路径并不一定是最佳路由。

（1）根据路由的目的地不同，可以划分为以下两种。

① 子网路由：目的地为子网。

② 主机路由：目的地为主机。

（2）根据目的地与该路由器是否直接相连，又可分为下面两种。

① 直接路由：目的地所在网络与路由器直接相连。

② 间接路由：目的地所在网络与路由器不是直接相连。

2. 通过路由表进行选路

路由器转发数据包的关键是路由表。每个路由器中都保存着一张路由表，表中每条路由项都指明数据包到某子网或某主机应通过路由器的哪个物理端口发送，然后就可到达该路径的下一个路由器，或者不再经过别的路由器而传送到直接相连的网络中的目的主机。

路由表中包含下列关键项。

（1）目的地址（Destination）：用来标识 IP 包的目的地址或目的网络。

（2）网络掩码（Mask）：与目的地址一起来标识目的主机或路由器所在的网段的地址。将目的地址和网络掩码"逻辑与"后可得到目的主机或路由器所在网段的地址。

（3）输出接口（Interface）：说明 IP 包将从该路由器哪个接口转发。

（4）下一跳 IP 地址（Nexthop）：说明 IP 包所经由的下一个路由器的接口地址。

3. 路由表中路由的来源

在路由表中有一个 Protocol 字段：指明了路由的来源，即路由是如何生成的。路由的来源主要有三种：

（1）链路层协议发现的路由（Direct）。开销小，配置简单，无须人工维护，只能发现本接口所属网段拓扑的路由。

（2）手工配置的静态路由（Static）。静态路由是一种特殊的路由，它由管理员手工配置而成。通过静态路由的配置可建立一个互通的网络，但这种配置问题在于：当一个网络故障发生后，静态路由不会自动修正，必须有管理员的介入。静态路由无开销，配置简单，适合简单拓扑结构的网络。

（3）动态路由协议发现的路由（RIP、OSPF 等）。当网络拓扑结构十分复杂时，手工配置的静态路由工作量大而且容易出现错误，这时就可用动态路由协议，让其自动发现和修改路由，无须人工维护，但动态路由协议开销大，配置复杂。

4. 路由优先级

到相同的目的地，不同的路由协议（包括静态路由）可能会发现不同的路由，但并非这些路由都是最优的。事实上，在某一时刻，到某一目的地的当前路由仅能由唯一的路由协议来决定。这样，各路由协议（包括静态路由）都被赋予了一个优先级，当存在多个路由信息源时，具有较高优先级（数值越小表明优先级越高）的路由协议发现的路由将成为最佳路由，并被加入路由表中。

不同厂家的路由器对于各种路由协议优先级的规定各不相同。

除直接路由（DIRECT）外，各动态路由协议的优先级都可根据用户需求，手动进行配置。另外，每条静态路由的优先级也可以根据用户需要进行手动配置。

5. 路由的开销

路由的开销（metric）标识出了到达这条路由所指的目的地址的代价，通常路由的开销值会受到线路延迟、带宽、线路占有率、线路可信度、跳数、最大传输单元等因素的影响，不同的动态路由协议会选择其中的一种或几种因素来计算开销值（如 RIP 用跳数来计算开销值）。该开销值只在同一种路由协议内有比较意义，不同的路由协议之间的路由开销值没有可比性，也不存在换算关系。静态路由的开销值为 0。

6. 静态路由

在组网结构比较简单的网络中，只需配置静态路由就可以使路由器正常工作，仔细设置和使用静态路由可以改进网络的性能，并可为重要的应用保证带宽。

还有一种静态路由类型称为接口静态路由，它用于表示那些直接连接到路由器接口上的目的网络。接口静态路由优先级是 0，这意味着它是直接连接网络的路由。

静态路由还有如下几种属性。

（1）可达路由：正常的路由都属于这种情况，即 IP 报文按照目的地标示的路由被送往下一跳，这是静态路由的一般用法。

（2）目的地不可达的路由：当到某一目的地的静态路由具有"reject"属性时，任何去往该目的地的 IP 报文都将被丢弃，并且通过 ICMP 消息通知源主机目的地不可达。

（3）目的地为黑洞的路由：当到某一目的地的静态路由具有"blackhole"属性时，任何去往该目的地的 IP 报文都将被丢弃。同"reject"的区别是不向源主机发送任何消息。

7. 缺省路由

缺省路由也是一种静态路由。简单地说，缺省路由就是在没有找到匹配的路由表入口项时才使用的路由。即只有当没有合适的路由时，缺省路由才会被使用。在路由表中，缺省路由以到网络 0.0.0.0（掩码为 0.0.0.0）的路由形式出现。可通过命令 display ip route 的输出看它是否被设置。如果报文的目的地址不能与路由表的任何入口项相匹配，那么该报文将选取缺省路由。如果没有缺省路由且报文的目的地址不在路由表中，那么该报文被丢弃的同时，将返回源端一个 ICMP 报文指出该目的地址或网络不可达。

缺省路由在网络中是非常有用的。在一个包含上百个路由器的典型网络中，选择动态路由协议可能耗费较大量的带宽资源，使用缺省路由就意味着采用适当带宽的链路来替代高带宽的链路以满足大量用户通信的需求。缺省路由并不一定都是手工配置的静态路由，有时也可以由动态路由协议产生。比如，OSPF 路由协议配置了 Stub 区域的路由器会动态产生一条缺省路由。

8. 路由自环

路由自环是指某个报文从一台路由器发出，经过几次转发之后又回到初始的路由器。产生的原因可能是配置静态路由有误，或者是动态路由协议错误地计算路由（虽然这种情况发生的概率很小）。当产生路由自环时，报文会在几个路由器之间循环转发，极大地浪费了网络资源，因此应该尽量避免路由自环的产生。

### (二) 常见动态路由协议

1. 动态路由协议原理

每台路由器将自己已知的路由相关信息发给相邻的路由器，由于大家都这样做，最终每台路由器都会收到网络中所有的路由信息，然后运行某种算法，计算出最终的路由 (实际上需要计算的是该条路由的下一跳和开销)。

(1) 每种路由协议都有自己的语言 (相应的路由协议报文)，如果两台路由器都实现了某种路由协议并已经启动该协议，则具备了相互之间通信的基础。

(2) 一台新加入的路由器应该主动把自己介绍给网段内的其他路由器。通过发送广播报文或发送给指定的路由器邻居来做到这一点。

(3) 为了观察某台路由器突然失败 (路由器本身故障或连接线路中断) 这种异常情况下，规定两台路由器之间的协议报文应该触发更新，周期性地发送。

2. RIP 协议

RIP 是 Routing Information Protocol (路由信息协议) 的简称。它是一种相对简单的动态路由协议，但在实践中有着广泛的应用。RIP 通过 UDP 交换路由信息，每隔 30s (通过配置可更改时间) 向外发送一次更新报文。如果路由器经过 180s 还没有收到来自对端的路由更新报文，则将所有来自此路由器的路由信息标示为不可达，若在其后 120s 内仍未收到更新报文，就将该条路由从路由表中删除。

RIP 使用跳数 (Hop Count) 来衡量到达目的网络的距离，称为路由权 (Routing Metric)。在 RIP 中，路由器到与它直接相连网络的跳数为 0，通过一个路由器可达的网络的跳数为 1，其余依此类推。为限制收敛时间，RIP 规定 metric 取值 0 ~ 15 的整数，大于或等于 16 的跳数被定义为无穷大，即目的网络或主机不可达。

为提高性能，防止产生路由环路，RIP 支持水平分割 (Split Horizon) 与毒性逆转 (Poison Reverse)，并在毒性逆转时采用触发更新 (Triggered Update)。另外，RIP 协议还允许引入其他路由协议所得到的路由。

RIP 包括 RIP-1 和 RIP-2 两个版本，RIP-1 不支持变长子网掩码 (VLSM)，

RIP-2 支持变长子网掩码(VLSM), 同时 RIP-2 支持明文认证和 MD5 密文认证。

### (三) OSPF 协议

Router ID: OSPF 协议使用一个被称为 Router ID 的 32 位无符号整数来唯一标识一台路由器。基于这个目的, 每一台运行 OSPF 的路由器都需要一个 Router ID。这个 Router ID 一般需要手工配置, 一般将其配置为该路由器的某个接口的 IP 地址。由于 IP 地址是唯一的, 所以这样就很容易保证Router ID 的唯一性。

### (四) BGP 协议

BGP 是外部路由协议, 用来在 AS 之间传递路由信息; 是一种增强的距离矢量路由协议; 为路由附带属性信息; 支持 CIDR (无类域间选路); 具有丰富的路由过滤和路由策略。

## 第二节　数据通信网设备

### 一、以太网交换机

以太网交换机(Lan Switch), 工作在 OSI 模型的数据链路层 (第二层)的 MAC 子层, 通过转发 MAC 帧以实现网络互联, 利用包含在 MAC 帧中的源地址和目的地址信息做出智能转发决定。在连接以太网时, 不仅可以拓展物理网络拓扑结构, 还可以将端口上的子网隔离成独立的冲突域。

三层交换机是拥有第三层路由功能的数据包, 除实现数据帧转发功能外, 能根据收到数据包中网络层地址以及交换机内部维护的路由表决定交换机输出地址以及下一条交换机地址或主机地址, 并重写链路层数据包头。路由表必须动态维护来反映当前的网络拓扑。三层交换机通过与其他交换机 /路由器交换路由信息来维护路由表。

以太网交换机按照配置方式可以分为固定配置式交换机与模块化配置交换机。固定配置交换机通常配置有固定的 8/16/24/48 以太网接口, 以及2/4 个可配置模块接口, 设备体积小, 配置简单, 通常用于终端设备的接入。

模块化配置交换机则可以根据业务需求配置不同的主控板、接口板以及特殊功能模块（多层交换、安全等），性能强大，扩展性强，可以针对不同的特定需求配置相应的板卡，主要应用于数据中心等大容量数据业务的接入与转发。

## 二、路由器

路由器是通过转发数据包来实现网络互联的设备。路由器可以支持多种网络层协议（如 TCP/IP 等），可以在多个网络层次上转发数据包（如数据链路层、网络层、应用层）。

路由器需要拥有多个物理端口，连接两个或多个由子网或无编号点到点线路标识的逻辑端口。路由器根据收到的数据包中的网络层地址以及路由器内部维护的路由表，选择下一跳路由器或主机（最后一跳时）的地址和相关接口，并重写链路层数据包头。

路由表应动态维护以反映当前的网络拓扑。路由器通常通过与其他路由器交换路由信息来完成动态维护路由表。路由器可以提供数据包传输服务。为实现路由选择的灵活性和鲁棒性（Robust），路由器可使用最少状态信息以维持数据包传输服务。路由器还可以支持多种业务（L2/L3 MPLS VPN、组播等）。

路由器根据处理能力、在网络中的定位、设备的可靠性通常分为核心路由器和边缘路由器。

核心路由器通常位于网络骨干层，用作扩大数据通信网的路由处理能力和传输带宽的路由器；边缘路由器位于网络外围，可靠性要求一般，主要负责数据通信网与用户网络间数据包的路由转发。

## 三、其他设备

### (一) 网络管理系统

网络管理系统主要为数据通信网的日常运行和维护提供技术保障，网络管理系统要求具备以下功能：

(1) 设备管理可对设备进行管理与配置，设备之间路由的更新需要经过认证，以提高安全性。

（2）网络集中监控提供统一拓扑发现功能。实现全网监控，可以实时监控主要设备的运行状况，并对网络参数进行配置修改，优化网络性能，保证网络正常运行。

（3）故障管理主要功能是对主要设备的告警信息和运行信息进行实时监控，提供设备的告警信息统计和查询功能。

（4）流量与性能监控可以统计通信带宽、网络流量、网络设备、主要服务器的利用情况，为优化或扩充网络提供依据。

（5）用户日志管理提供用户日志的管理功能，以便于用户审计。

（6）流量统计功能或计费功能必须具备网络流量统计或计费功能，至少包括区域数据通信网出口流量统计功能。

### （二）网络相关设备

1. 防火墙

防火墙是指设置在不同网络（如可信任的组织内部网和不可信任的公共网）或网络安全域之间的一系列部件组合。主要作用是在网络入口点检查网络通信，根据用户设定的安全规则，在保护内部网络安全的前提下，提供内外网络通信。防火墙通常位于不同网络或网络安全域之间信息的唯一连接处，根据组织的业务特点、行业背景、管理制度制定的安全策略，运用包过滤、代理网关、NAT 转换、IP+MAC 地址绑定等技术，实现对出入网络的信息流全面的控制（允许通过、拒绝通过、过程监测），控制类别包括 IP 地址、TCP/UDP 端口、协议、服务、连接状态等网络信息的各方面。

设置防火墙的目的就是保护一个网络不受来自另一个网络的攻击。防火墙的主要优势包括以下几个方面：

（1）防火墙是提供安全边界控制的基本屏障。设置防火墙可提高内部网络的安全性，降低受攻击的风险。

（2）防火墙体现网络安全策略的具体实施。防火墙集成所有安全软件（如口令、加密、认证、审计等），比分散管理更经济。

（3）防火墙强化安全认证和监控审计。因为所有进出网络的通信流都要通过防火墙，使防火墙也能提供日志记录、统计数据、报警处理、审计跟踪等服务。

（4）防火墙能阻止内部信息泄露。防火墙实际上也是一个隔离器，既能防外，又能防止内部未经授权用户对广域网的访问。

通过使用防火墙可以过滤不安全的访问，可提高网络安全性和减少子网中主机的风险，提供对系统的访问控制，阻止攻击者获得攻击网络系统的有用信息，记录和统计网络利用数据以及非法使用数据、攻击和探测策略执行。防火墙本身必须具有很强的抗攻击能力，以确保其自身的安全性。

2. 入侵防御设备

随着互联网应用的发展，各种入侵技术伪装成客户正常业务进行传播，而普通防火墙软硬件设计并不具备对数据流进行综合、深度监测的能力。入侵防御可以对大量流量进行综合、深入分析，并匹配自身数据库中的各种攻击类型的模式，能够及时阻止各种针对系统漏洞的攻击，屏蔽蠕虫、病毒和间谍软件，防御 DOS 及 DDOS 攻击，阻断或限制 P2P 应用，从而帮助 IT 部门完成应用系统、网络基础设施和系统性能保护的关键任务。

3. 域名系统

域名系统（Domain Name System，DNS）是因特网的一项服务，它作为将域名和 IP 地址相互映射的一个分布式数据库，能够使人更方便地访问互联网。DNS 使用 TCP 和 UDP 端口 53。当前，对于每一级域名长度的限制是 63 个字符，域名总长度则不能超过 253 个字符。

DNS 通过允许一个名称服务器把它的一部分名称服务（众所周知的 zone）"委托"给子服务器而实现了一种层次结构的名称空间。此外，DNS 还提供了一些额外的信息，如系统别名、联系信息以及哪一个主机正在充当系统组或域的邮件枢纽。

任何一个使用 IP 的计算机网络都可以使用 DNS 来实现它自己的私有名称系统。尽管如此，当提到在公共的 Internet DNS 系统上实现的域名时，术语"域名"是最常使用的。

基于 13 个全球范围的"根服务器"（root-servers.net），除当中的 3 个以外，其他都位于美国。从这 13 个根服务器开始，余下的 Internet DNS 命名空间被委托给其他的 DNS 服务器，这些服务器提供 DNS 名称空间中的特定部分。

# 第三节　铁路数据通信网组网

铁路数据通信网是为了满足铁路信息业务承载而建设的数据通信专网，网络结构同运营管理的层次体系和数据信息的流量流向有密切关系。

铁路是高度集中统一指挥的运输部门，其各种运营管理层次分明，其数据大多是自下而上和自上而下的纵向流向。因此，铁路数据通信网络的结构一般是星形网络和环形网络相结合的两级网络结构。它的骨干网是一个星型结构与网状网相结合的分组交换网络，为各铁路局至中国铁路总公司提供高速数据通信网传输通道。区域网是一个以星型结构为主，结合链型与环形网络结构，为铁路沿线各站、段的业务系统提供局内数据通信网传输通道。

## 一、承载业务类型

铁路数据通信网承载《铁路信息化发展总体规划》中的旅客信息服务系统，办公系统、各专业管理信息系统，5T 系统等客货运营销，经营管理和部分运输组织的信息应用系统；承载铁路综合视频监控系统、GSM-R/GPRS 业务、各类监测及通信网管系统，会议电视系统、电报电话等通信系统数据业务。

铁路数据通信业务覆盖范围包括：中国铁路总公司、铁路局、车站、段、所、车间及工区。

## 二、铁路数据通信网网络结构

根据铁路数据通信网发展规划，铁路数据通信网由两部分网络组成：骨干网络和区域网络。

### (一) 骨干网络

骨干网络作为一个独立的自治域，完成中国铁路总公司与各铁路局间及铁路局间的信息转发和业务互通。

骨干网根据业务需要在中国铁路总公司及铁路局所在地通信机房设置大区节点，每个大区节点同城异地设置核心路由器，在中国铁路总公司节点同城异地设置两台路由反射器 /VPN 路由反射器（RR/VRR），作为骨干网全网路由反射器；同时在骨干网选择两个节点分别设置两套网元管理系统和VPN管理系统，互为备份。

### (二) 区域网络

各铁路局铁路数据通信网作为区域网络，每个铁路局区域网络划分一个自治域，铁路局区域网络以自治域为单位独立进行管理，区域网络间的互访流量穿越骨干网络。铁路局区域网络由核心节点、汇聚节点和接入节点组成；中国铁路总公司区域网络由接入节点组成。

1. 节点设置原则

（1）核心节点。在铁路局所在地的通信机房设置区域网核心节点两台路由器。在有大区节点的城市，核心节点设备应与大区节点同址设置。

（2）汇聚节点。考虑到业务接入及组网的便利性，汇聚节点宜选择在承载业务量相对集中及传输电路汇聚点进行设置。

铁路局所在地汇聚节点数量根据需要进行设置；其他城市在兼顾既有网络及满足新建线路需求的情况下可以设置多个同城汇聚节点。

（3）接入节点。接入节点选择在中国铁路总公司、铁路局、综合维修基地、动车段及车站、路网性编组站段 (所) 等地设置。

在中国铁路总公司中心按业务根据需要设置接入节点数量，每个接入节点同址设置两台接入路由器。

在铁路局、综合维修基地、动车段及 GSM-R 核心网机房等处所各设置两台接入路由器；在多条线交叉点、重要业务等接入节点设置两台接入路由器。其他处所根据业务需要设置一台或两台接入路由器。

2. 网络结构

区域网内核心节点路由器间互联；设有大区节点的铁路局，核心节点路由器上联至本地大区节点路由器，同时上联至另一异地大区节点路由器；未设大区节点的铁路局，核心节点路由器同时上联至相邻两个大区节点路由器。

汇聚节点本地路由器间互联；每台汇聚节点路由器上联至核心节点的一台路由器；两个汇聚节点间根据需要设置直联链路。

接入节点路由器可通过本地直联双归、本地链型双归、异地链型双归三种连接方式与汇聚节点 (或核心节点) 相连。本地直联双归：指接入节点直接上联至同一汇聚节点的两台路由器；本地链型双归：指接入节点间链型连接后，两端点分别上联至同一汇聚节点的一台路由器；异地链型双归：指接入节点间链型连接后，两端点分别上联至两处汇聚节点的各一台路由器。

铁路局、客专调度所、综合维修基地、动车段、GSM-R 核心机房以及铁路局所在地的段（所）设置的接入节点直接上联至核心节点。

# 第四节　网络管理及网络安全

## 一、网络管理系统

铁路数据通信网网管系统规划分两级设置。

中国铁路总公司设置一套骨干网及中国铁路总公司区域网络管理系统，负责管理骨干网 AS 内网络设备，每个铁路局区域网络按厂家各设置一套集中式网络管理系统，对本铁路局区域网 AS 内本厂家设备进行统一管理。

中国铁路总公司设置一套 VPN 业务管理系统，对本 AS 及跨域 VPN 业务进行集中统一管理。各铁路局设置一套 VPN 业务管理系统，对本铁路局 AS 内的业务进行管理。

网管系统通过 SNMP 协议与大区节点及核心、汇接、接入等节点路由器通信，完成对基本网元的管理功能，以及网络拓扑、故障、性能、安全的管理。

网管系统应完成全网多业务的综合管理，包括 VPN 管理、QoS 管理和 LSP 管理，要求既能够独立运行，又可以无缝集成在一起。VPN 管理软件完成 VPN 业务管理，QoS 业务管理软件完成 QoS 业务管理，LSP 管理软件完成 MPLS 基础网络的管理。

### (一) 网元管理系统

针对数据通信网络进行管理维护的网管系统，应能够提供数据通信网络管理维护的全面解决方案，能够实现网元层管理和网络层管理能力，功能涉及网络故障管理、配置管理、性能管理等多个方面。对数据通信设备的维护和网络管理提供支持。

（1）拓扑管理：用于构造并管理整个通信网络的拓扑结构，系统通过自动上载网络设备的拓扑数据形成与实际网络拓扑结构相同的网络拓扑视图。用户可以通过浏览网络拓扑视图来实时了解整个网络的运行情况。

（2）故障管理：对全网设备的故障、运行状态进行实时监控，历史统计并提供协助排障的手段。

（3）性能管理：能够实时监测网络、设备性能变化，从而对网络设备进行有效的管理、对网络优化调整提供数据支撑。

（4）网络流量分析：提供完备的网络流量采集、分析工具，为用户提供丰富的网络流量、流向的数据信息，为流量工程分析、流量计费结算、网络设计优化、网络安全监控提供强大支撑，并提供丰富的统计方式及报表输出。

（5）安全日志管理：安全管理功能主要包括操作日志管理、用户管理、用户组管理、设备集管理、操作集管理、权限管理、用户登录管理。

（6）配置管理：提供网络设备丰富的配置管理能力。

**（二）集中网管系统**

为了降低网络管理的复杂程度，需要实现数据通信网设备的统一集中管理，通过设置分厂家集中网管管理区域网内同厂家设备，并为综合网管提供北向接口，可以实现数据通信网络管理维护的全面解决方案，能够实现网元层管理和网络层管理能力，功能涉及网络故障管理、配置管理、性能管理等多个方面。对数据通信设备的维护和网络管理提供支持。

由综合网管系统提供统一的故障告警管理。

随着 IP 网络的规模和复杂程度的不断增加，业务管理成为提高网络服务质量、合理使用网络资源、降低运营维护成本的关键所在。

1. VPN 管理

VPN 管理定位于 MPLS VPN 业务领域端到端的全面管理解决方案，功能涉及 MPLS VPN 业务的完整生命周期，具体包括从业务还原、业务规划、业务部署到业务监控的全流程，并提供相关的资源管理、性能报表、故障监控等特性，是开展 MPLS VPN 业务必备的管理工具。

VPN 管理的功能覆盖了 VPN 业务的整个生命周期的管理，从业务规划、业务审计、业务部署到业务监控。利用 VPN 管理 VPN 业务，可提高业务的响应速度，降低网络维护、业务运营成本。

2. QoS 的业务管理

QoS 的业务管理主要包括如下功能：

（1）网络带宽资源管理功能。根据业务的预测，网络业务流量流向的分布，计算每条链路上各种业务带宽预留。

（2）设备配置管理功能。通过 COPS、SNMP、TELNET 等技术相结合，根据资源管理系统计算结果，实现设备 QoS 参数的配置。

（3）QoS 业务监视功能。监视 QoS 参数的实际运行情况，为带宽资源管理系统提供计算参数。同时监视业务状况，充分了解网络运行现状，发现和解决问题。

（4）资源管理功能。资源管理是指对 MPLS 业务相关网络资源（设备、接口、协议）的管理。主要包括以下内容：

① 可以集中管理具有 MPLS 能力的中高端路由器和以太网交换机。

② 提供统一的网络资源管理，管理网络上的设备、设备上的物理接口、逻辑接口等和 MPLS 业务相关的资源。

③ 支持网络设备、设备上可用资源的自动发现，以及 MPLS 相关资源信息的显示，用户还可以手动执行设备数据的即时或定时同步。

3. 性能管理

性能管理是指系统通过主动和自动的方式从设备收集或由设备上报设备运行的相关参数信息，以直观的方式显示给用户，使用户了解当前网络运行的基本情况和性能状态，从而预防网络事故的发生，预测网络运行状态，帮助用户对网络的管理运营进行合理规划，是非常重要的管理功能之一。

性能管理应满足如下两点：

（1）提供定时采集任务的功能，对数据进行定时采集。

（2）系统支持采用曲线图来显示所采集到的性能数据。

4. 故障告警管理

故障告警管理应能满足对全网设备的故障、运行状态进行实时监控、历史统计并提供协助排障的手段。

## 二、网络安全

网络应用给人们带来了无尽的好处，但随着网络应用的扩大，网络安全风险也变得更加严重和复杂。原来由单个计算机安全事故引起的损害可能传播到其他系统和主机，就会引起大范围的瘫痪和损失；另外加上缺乏安全控制机制和对网络安全政策及防护意识的认识不足，这些风险正在日益加重。

由于网络结构，网络硬件及软件系统配备等网络组成部分都可能存在安全漏洞；网络应用的不同其所具有的风险程度也不同；黑客的入侵、计算机及网络病毒的侵害时刻都威胁着正在运行的网络。在计算机技术不断发展，科学技术不断提高的同时，黑客们所制造的各类新型的风险将会不断产生。但从总体上来说，网络黑客攻击事件大多与网络系统结构和系统的应用等因素密切相关。

### (一) 网络安全需求

网络设备本身应基于以下的安全基线保证网络安全：鉴别和认证、访问控制、审计和跟踪、内容安全、冗余和恢复。

基于以上基线，应采取以下措施：

(1) 网络设备应采用多级安全密码体系，密码应保证一定的强度。

(2) 设置接入控制表，限制特定设备进行网络设备的登录和配置。

(3) 限制用户的操作权限、关闭不必要的服务端口。

(4) 操作软件和服务软件及时升级和增加补丁，堵住安全漏洞。

(5) 启动日志并定期检查系统的日志文件，及时发现系统安全的异常情况。

### (二) 铁路数据通信网安全风险分析

铁路数据通信网存在如下信息安全风险：

(1) 网络受到破坏、攻击或发生故障，网络局部或全部瘫痪，影响网络业务和服务能力。

(2) 网络信息传输过程中缺乏必要的安全措施，不同的网络安全域之间相互访问造成的不安全。

（3）信息丢失、损坏、篡改或者未经授权的泄露，导致严重的政治或经济后果。

（4）假冒合法用户获取不正当利益。

（5）内部人员串通外部人员进行欺诈或访问受保护信息。

（6）安全管理存在漏洞。

（7）意外破坏，不熟练的用户或者其他用户可能无意中破坏网络服务功能等。

### (三) 铁路数据通信网络安全策略部署

1. 设备的安全配置

对于路由器或交换机的安全配置，主要工作包括下列内容：

（1）关闭路由器上的不必要的服务，如 Finger、Bootp 等。

（2）对口令进行加密；最好采用通过 RADIUS 进行用户认证的方式。

（3）为一些 LOG 设置时间标记，以方便查询和故障处理。

（4）配置路由协议更新的认证，包括 OSPF 和 BGP，其中 OSPF 将采用 IPSEC 进行路由信息的认证和加密传输，提供较之 MD5 更安全的机制防止恶意的假路由更新。

（5）配置 VTY 或 Console 超时选项，增加访问的安全性。

（6）通过 Access List 来控制访问的来源，必须同时设置 IPv4/IPv6 的访问控制。

（7）尽量使用 SSH 选项，减少访问链路上被窃听的可能性。

（8）注意 SNMP 的读写权限，最好设成只读方式，并附带访问列表的控制。

2. 网络协议保护

（1）ISIS 协议保护。

① 安全目标：保护 ISIS 协议免受非法用户的攻击。

② 攻击手段：非法用户通过和路由器建立 ISIS 邻居，向网络产生虚假路由，可同时导致 IGP 路由表剧增和全网流量的乱序。

③ 保护手段：Access 端口禁止 ISIS 协议运行。

（2）BGP 协议保护。

① 安全目标：保护 BGP 协议免受非法用户的攻击。

② 攻击手段：

A. 建立非法 BGP PEER，向网络产生虚假路由，同时导致全网路由表剧增和全网流量的乱序。

B. 非法用户无法建立 BGP PEER，但通过伪造 BGP 合法 Neighbor 的 IP 地址并利用 TCP 包头的控制字段攻击已有的 TCP 连接，导致合法 BGP 连接异常。

C. 直接对 BGP TCP 端口进行 DoS 攻击。

③ 保护手段：

A. 在所有路由器上限定合法 PEER 路由器 IP 地址和所在 AS 号。

B. 在路由器所有 Access 端口上采用严格反向路径查找技术，过滤来自其他网络的伪造源地址的 BGP 攻击包，对不能支持严格反向路径查找的设备，通过 ACL 过滤源地址实现类似功能。

C. 在所有 Access 端口上采用分组过滤策略拒绝非法的 EBGP 协议数据包。

④ 为进一步保证 EBGP PEER 的安全，在 EBGP PEER 上进行 MD5 认证。

（3）VRF 保护。

① 安全目标：保护 PE 路由器的 VRF 安全。

② 攻击手段：客户网络产生大量路由或波动，消耗过多 PE 设备资源，影响其他客户的业务质量。

③ 保护手段：根据客户网络规模，在 PE 路由器上限制客户路由表的大小。

（4）NTP 协议。

① 安全目标：保护 NTP 免受攻击。

② 攻击手段：以 NTP Client 的身份向 NTP Server 发送大量的时间请求包，导致 NTP Server 处理占用较多 CPU 资源，影响合法 NTP Client 请求的处理，从而影响网络时间精度。

③ 保护手段：

A. 通过分组过滤限制从外部进入的 NTP 数据包。

B. 在 NTP 会话上进行 MD5 认证。

（5）访问控制。访问控制防止非法用户获得设备的操作或控制权限，恶意修改设备的配置产生严重后果。

（6）VTY 控制。

① 安全目标：防止非法用户通过 Telnet 或 SSH 获取设备的控制能力。

② 攻击手段：

A. 非法用户获得网管或维护终端的控制能力，通过网管或维护终端登录到网络设备进行操作控制。

B. 无法获取 VTY 通道，直接进行 DoS 攻击，致使正常的 VTY 连接受到影响。

③ 保护手段：

A. 在 Access 端口上通过分组过滤策略过滤非法的 Telnet 和 SSH 数据包。

B. 在 Access 端口上通过严格反向路径查找过滤掉进行 DoS 攻击的伪造源地址数据包。

C. 对 Telnet 或 SSH 进行最大连接数限制，idle-timeout 设置为 5min，最多允许同时 5 个在线，防止 DoS 攻击。

D. 加强密码管理，采用集中认证技术，同时进行认证、授权、审计操作。

（7）SNMP 控制。

① 安全目标：防止非法用户通过 SNMP 管理接口获取设备信息或对设备进行控制。

② 攻击手段：盗取 SNMP 密码，获得 SNMP 访问通道，利用 SNMP 管理接口获取设备信息或对设备进行控制。

③ 保护手段：

A. 在 Access 端口上通过分组过滤和严格反向路径查找过滤非法的 SNMP 数据包。

B. 采用 SNMP V3 安全版本，使用 MD5 认证和 DES 加密算法，利用 MIB View 关闭大数据量的表类型变量（如路由表和转发表）。

C. 考虑到大部分网管系统需要设备开放 SNMP 写权限，因此不关闭设备 SNMP 的写控制。

（8）HTTP 控制。

① 安全目标：防止非法用户通过设备提供的 HTTP 服务对设备进行控制。

②保护手段：关闭 HTTP 服务。

（9）漏洞保护。

①安全目标：防止非法用户利用系统应用服务的漏洞进行攻击，如 ICMP Redirect、Direct Broadcast、Proxy ARP。

②攻击手段：ICMP Redirect、Proxy ARP 等应用服务的攻击。

③保护手段：关闭存在安全风险的漏洞，如 ICMP Redirect、Direct Broadcast、Proxy ARP 等。

（10）反垃圾流量。

①安全目标：过滤无特定攻击目标的垃圾流量。这里所指的垃圾流量是指源地址或目的地址非法的流量。

②攻击手段：大量主机中毒后，不断进行复制传染，向网络产生大量垃圾流量，严重时导致网络拥塞瘫痪。

③保护手段：

A. 在所有 Access 端口上采用分组过滤技术拒绝目的地址明显非法的数据包。

B. 在所有 Access 端口上采用严格反向路径查找技术过滤掉源地址非法的数据包。

C. 利用 QoS 机制在一定程度上降低垃圾流量对全网的影响，具体见 QoS 设计方案部分。

（11）其他手段。

①加强安全审计是检查网络是否遭受安全攻击的有效手段，可通过 Syslog、Trap 和 AAA 认证实现。

②认证和命令操作记录，定期检查路由器的操作日志，可帮助判定是否有用户企图攻击网络。

③路由协议事件，可用于检查是否有非法用户尝试和路由器建立 PEER 关系。

④被拒绝流量记录，记录被拒绝的访问设备控制引擎的非法流量，如违反 VTY 和 SNMP 分组策略的数据包，由于可能产生大量记录，这部分信息仅临时保留在设备内存中，不发送至网管服务器。

# 第四章　铁路综合视频监控系统分析

## 第一节　铁路综合视频监控系统基础知识

### 一、系统结构

铁路综合视频监控系统（以下简称视频监控系统）由视频节点（包括视频核心节点、视频区域节点、视频接入节点）前端设备（包括摄像机、NVR等设备）、网络设备和视频终端（包括管理终端、用户终端）组成。

视频核心节点、视频区域节点，视频接入节点宜支持视频云计算、视频云存储技术（以下简称云计算、云存储），实现对计算机资源、存储资源、网络资源的统一利用与统一管理。

### 二、功能要求

#### (一) 业务功能

1. 概述

业务功能包括视音频编解码功能、视音频实时监视与回放功能、视音频存储功能、视音频分发及转发功能、云镜控制功能、公告功能、地理信息辅助功能、联动功能、前端视频内容分析管理功能、视频图像质量诊断功能、视频节点云计算功能、视频节点云存储功能、字符叠加功能。

2. 视音频编解码功能

视音频编解码功能符合下列规定：

(1) 应支持单路媒体流带宽上限设定；

(2) 应支持实时视频上叠加字符；

(3) 应支持多码流输出；

(4) 应支持设置主码流、子码流参数；

（5）应支持软件、硬件视音频解码。

3. 视音频实时监视与回放功能

视音频实时监视与回放功能符合下列规定：

（1）应支持单画面、多画面模式切换浏览实时、历史视频；

（2）应支持全屏显示实时、历史视频；

（3）应支持局部放大实时、历史视频画面；

（4）应支持在切换实时、历史图像画面时，不影响其他画面质量；

（5）应支持同步播放视音频；

（6）应支持多用户同时监视、回放同一路视音频；

（7）应支持按配置策略（如场所、业务种类等），对指定的实时视音频进行同步调用，以实现视频组合播放；

（8）应支持按配置的轮巡策略（如调用分组、显示顺序、显示时间），对指定的实时视音频进行轮巡；

（9）应支持根据时间、地点、联动或报警事件等条件检索和回放历史视音频；

（10）应支持图像抓拍，并以 BMP 或 JPEC 文件格式存储；

（11）应支持对历史视音频的快放、慢放、拖曳、暂停及逐帧播放等功能，并显示当前下载、播放的状态和进度，支持边回放边下载；

（12）应支持抽 1 帧回放，播放速率为 25fps；

（13）宜支持语音对讲。

4. 视音频存储功能

视音频存储功能符合下列规定：

（1）应支持实时视音频自动连续存储；

（2）应支持视音频人工存储；

（3）应支持报警视音频自动存储；

（4）应支持按时长要求循环存储；

（5）应支持按设定时间、地点、联动或报警事件等条件进行存储；

（6）应支持存储空间超限报警；

（7）宜支持云存储功能。

5. 视音频分发及转发功能

视音频分发及转发功能符合下列规定：

（1）平级节点间互相调用视音频时，控制消息应通过上级节点转发，视音频应根据承载网络配置就近传送；

（2）应支持多级转发；

（3）分发请求超过系统配置时，系统应对权限级别较低的用户暂停服务，并进行信息提示；

4）分发及转发不应受媒体流编码格式的限制。

6. 云镜控制功能

云镜控制功能符合下列规定：

（1）云台控制功能应包括云台转动、云台转动速度设置、预置位设置、守望位设置；

（2）镜头控制功能应包括镜头变倍、调焦、调节光圈、镜头变倍速度设置；

（3）巡航功能应包括轨迹、策略设置、扫描；

（4）应支持设置目标摄像机的云镜控制锁定时间。在锁定时间内，屏蔽同级别和低级别控制权限用户对该摄像机的云镜控制。

7. 公告功能

公告功能符合下列规定：

（1）视频终端应支持编辑公告内容，并向视频系统发起公告；

（2）视频终端应支持实时接收并显示公告内容。

8. 地理信息辅助功能

地理信息辅助功能符合下列规定：

（1）应支持电子地图显示，具有电子地图缩放、漫游、地图图层控制、图例定义等功能；

（2）摄像机资源查询应支持根据 GIS 坐标、公里标、摄像机名称等条件，对摄像机资源检索、定位；

（3）应支持在地图上定位摄像机，并通过点击摄像机播放实时、历史媒体流；

（4）应支持接到报警信息后，报警地点自动在地图上突出显示。

9. 联动功能

联动功能符合下列规定：

(1) 应支持前端 I/O 触发联动；

(2) 应支持后台联动；

(3) 接收、触发信息后，应根据已设置的联动策略执行动作；

(4) 摄像机触发报警后，应支持自动转向预设的预置位，并启动录像；

(5) 应支持显示报警提示、视频信息；

(6) 单条报警可配置多台摄像机联动。

10. 前端视频内容分析管理功能

前端视频内容分析管理功能符合下列规定：

(1) 应支持接收、存储、转发前端设备的视频内容分析信息；

(2) 已授权用户终端应支持选择分析类型，设置防区、布防/撤防时间等；

(3) 用户终端应支持查看已订阅前端视频内容分析信息及相关视频图像。

11. 视频图像质量诊断功能

视频图像质量诊断功能符合下列规定：

(1) 应支持对实时、历史视频图像进行质量诊断；

(2) 应具备无有效视频信号（如纯色、背景图、花屏等）、偏色、亮度异常、模糊、噪声等图像质量事件的自动诊断功能；

(3) 应具备对视频图像的分辨率、帧率、编码格式、码率的检测功能；

(4) 应具备对单路历史视频的视频完整率、录像计划达标率的诊断功能；

(5) 应支持设置各类图像质量事件相关参数、报警阈值；

(6) 应支持设置图像质量诊断策略、单路诊断时长、诊断范围和诊断执行时间；

(7) 应支持按诊断事件类型、诊断时间、诊断对象等条件统计图像质量诊断结果，并形成统计报表；

(8) 应支持图像显示时间诊断，发现时间偏差超出阈值后自动提示，阈值可设置。

12. 视频节点云计算功能

视频节点云计算功能符合下列规定：

（1）应支持物理设备虚拟化为计算资源；

（2）应支持动态调整物理设备或虚拟化资源；

（3）应支持视频节点对计算资源在线横向弹性调整，系统业务不受影响；

（4）应支持视频节点计算资源的分配、负载均衡、动态调度、统一管理。

13. 视频节点云存储功能

视频节点云存储功能符合下列规定：

（1）应支持物理设备虚拟化为存储资源；

（2）应支持动态调整物理设备或虚拟化资源；

（3）应支持视频节点对存储资源在线横向弹性调整，系统业务不受影响；

（4）应支持视频节点存储资源的分配、负载均衡、动态调度、统一管理；

（5）应支持数据冗余和容错。

14. 字符叠加功能

字符叠加功能符合下列规定：

（1）应支持在摄像机处叠加名称、时间信息；

（2）应支持在视频节点处设置、修改叠加字符，并同步至下级节点、摄像机；

（3）摄像机名称、时间应自动叠加至视频图像；

（4）视频图像应具备命名显示功能，应支持在视频图像左上角显示命名，单行最长可至 64 字符；

（5）视频图像应具备时间显示功能，应支持在视频图像右下角显示时间，时间显示格式为 yyyy-MM-ddhh: mm: ss。

## （二）网管功能

### 1. 概述

网管功能包括业务管理、设备管理、用户管理、报警管理、日志管理、安全管理。其中，设备管理包括前端设备管理、节点设备管理、网络设备管理、视频终端管理；用户管理包括用户及用户组管理、用户权限管理；报警管理包括业务报警管理、设备报警管理。

网管功能应集中统一呈现，对视频监控系统内所有设备集中管理，并支持生成系统拓扑图，显示视频节点，网络设备、前端设备连接以及报警情况。系统支持查询、统计、生成报表等功能。

2. 业务管理

业务管理符合下列规定：

（1）应支持业务可视化管理，即通过图形、表格等视图方式，显示设备参数、运行状态、报警等重要信息；

（2）应支持视频节点对前端设备、视频终端等设备上线、离线的监测；

（3）应支持上级节点主动查询下级节点摄像机等资源；

（4）应支持下级节点主动向上级节点报送摄像机等资源变更情况；

（5）应支持对媒体流的存储时间、存储时长进行配置；

（6）应支持批量查询、修改视音频存储周期；

（7）应支持单独设置摄像机的云镜控制无操作释放时间；

（8）在指定时间段内，对选定的摄像机应通过白名单过滤进行实时浏览、回放、下载等限制操作；

（9）根据屏蔽计划，应为白名单用户分发实时、历史视音频；

（10）应对资源 ID 进行唯一性校验。

3. 设备管理

（1）前端设备管理。前端设备管理应符合下列规定：

① 应支持远程重启摄像机；

② 应支持摄像机资源的增加、删除、查询、修改。其中，摄像机资源包括摄像机资源 ID（16 位编码），摄像机资源 ID（20 位编码）摄像机名称、摄像机类型、安装位置、经纬度信息，海拔高度、IP 地址、MAC 地址、设备端口、编码格式，图像分辨率，音频格式、视频帧率、子码流分辨率、子码流帧率、厂家型号、维护单位、所属线路、所属节点等；

③ 应支持按照安装位置、线路、节点等条件，统计摄像机等设备的总数、在线数、离线数、在线率、离线时长等；

④ 应支持按摄像机类型、安装位置、厂家型号、编码格式、图像分辨率等条件统计摄像机数量。

（2）节点设备管理。节点设备管理符合下列规定：

① 应支持集中管理节点设备，并对节点设备的增加、删除、查询、统计及生成报表；

②应支持集中管理虚拟设备，并对虚拟设备的增加、删除、查询、统计及生成报表；

③应支持本地、远程设置节点物理设备、虚拟设备参数；

④应支持监测物理设备（如服务器、磁盘阵列、硬盘、电源等）、虚拟设备运行状态，运行状态包括正常故障；

⑤应支持监视物理设备性能参数，包括服务器 CPU、内存、硬盘、网卡、IP 地址、MAC 地址等，存储设备 CPU、存储容量、存储剩余容量、平均吞吐量等；

⑥应支持监视虚拟设备性能参数，包括总资源容量、已使用资源容量、可用资源容量、计算及存储资源池负载情况、云存储数据恢复进度、云存储写入读取速率等；

⑦应支持查询、统计节点物理设备、虚拟设备数量，并生成报表；

⑧应支持对设备运行状态的人工查询、主动轮巡，对其性能参数进行即时或周期性查询，对查询结果进行显示、统计、导出、打印等；

⑨应支持设备轮巡策略定制，包括轮巡时间、设备范围、查询参数等；

⑩应支持按时间、空间等维度对资源、报警、运用质量等信息进行统计分析并生成报表。

（3）网络设备管理。网络设备管理符合下列规定：

①应支持对网络设备的增加、删除、查询、统计及生成报表；

②应支持监测网络交换机 CPU 利用率、内存利用率、平均流量、各端口状态、电源状态等，并生成报表。

（4）视频终端管理。视频终端管理应符合下列规定：

①应支持对视频终端的增加、删除、查询、统计及生成报表；

②应支持监视用户终端在线、离线状态等。

4. 用户管理

（1）用户及用户组管理。用户及用户组管理应符合下列规定：

①应支持配置本级用户属性，用户属性包括用户名称、用户优先级、所属单位、所属部门等；

②应支持查询、增加、删除、修改、临时停用用户及用户组；

③应支持自定义用户目录树；

④ 应支持系统显示用户在线情况；

⑤ 应支持统计用户在线数量，在线时长。

（2）用户权限管理。用户权限管理应符合下列规定：

① 根据用户权限，应支持自定义用户组，同一用户组的用户具备相同权限，用户归属唯一的用户组；

② 操作权限设置应包括实时浏览、实时浏览的媒体流并发数量、云镜控制、历史媒体流回放、历史媒体流下载；

③ 资源权限设置应包括摄像机资源分配等；

④ 云镜控制权限范围为 0 ~ 63，0 级最高，应支持高优先级用户抢占低优先级用户控制权限；优先级别相同的用户先锁定用户权限者获得控制权限；用户控制的保持时间可设置，范围为 5 ~ 3600s；用户操作锁定状态摄像机时，系统应自动提示已锁定，锁定信息包括用户 ID 等。

5. 报警管理

（1）概述。报警管理应包括业务报警管理、设备报警管理。报警管理应符合下列规定：

① 报警级别应包括紧急报警、重要报警、次要报警、一般报警；

② 报警过程应包括报警确认、报警消除、报警归档；

③ 报警状态应包括待确认、处理中、待归档；

④ 应支持报警信息呈现，并以文字、声音、视频、颜色等方式呈现不同等级的报警信息；

⑤ 应支持报警信息存储，包括存储报警类型、报警级别、报警时间、报警描述、报警视频等信息；

⑥ 应支持报警信息统计和导出：根据报警设备、报警类型、报警级别、报警状态、报警时间等条件对报警信息分类统计和导出；

⑦ 应支持将报警信息实时或定时提供给上级节点、外部系统。

（2）业务报警管理。业务报警管理应符合下列规定：

① 应支持视频内容分析报警管理、业务报警管理；

② 应支持设置报警布防 / 撤防时间、报警订阅等过滤报警的条件；

③ 应支持管理用户查询报警目录；

④ 实时媒体流未存储应报警；

⑤ 媒体流实际存储时长低于存储配置时长时，系统应自动报警；

⑥ 录像缺失报警，缺失时间超过设定时间应自动报警；

⑦ 摄像机命名重复应报警；

⑧ 摄像机 IP 地址冲突应报警。

(3) 设备报警管理。设备报警管理应符合下列规定：

① 设备报警管理应包括前端设备、节点设备、网络设备、视频终端的报警管理等。

② 设备报警信息应包括报警设备名称、报警类型、报警级别、报警产生及恢复时间、报警描述。其中，报警描述包括文字描述、报警视频或报警图片等。

③ 前端设备报警应包括摄像机离线报警等。

④ 节点设备报警应包括服务器故障报警、服务器离线报警、磁盘阵列离线报警（含拔盘、硬盘故障等）。

⑤ 网络设备报警应包括网络交换机离线报警等。

⑥ 视频终端报警应包括视频终端离线报警等。

⑦ 系统应支持接收设备主动发起及设备运行状态参数超过自定义阈值的触发报警。

6. 日志管理

日志管理应符合下列规定：

① 应支持记录用户访问日志，访问日志包括用户名、用户编码、登录 IP、登录时间、退出时间等。

② 应支持记录用户操作日志，操作日志包括用户名、用户编码、操作时间、登录 IP、操作类型、操作详细信息等。其中，操作类型包括浏览、下载、回放媒体流及相应的起止时间，设备管理、用户管理、报警管理，系统参数设置等。

③ 应支持日志查询功能，根据用户名、用户编码、起止时间、操作类型等组合条件进行查询，并能导出和打印。

⑤ 应支持对指定用户、指定时间段内，按云镜控制操作次数、视频调用、回放、下载的次数及起止时间、用户在线时长进行统计。

7. 安全管理

安全管理应符合下列规定：

① 系统应采用口令和密码技术组合的鉴别技术对用户进行身份鉴别；

② 系统应对登录视频业务平台设备、操作系统、数据库系统，以及视频系统的用户进行身份标识和鉴别，身份标识具有唯一性，用户密码长度至少8位，包含数字，大小写英文字母、字符，初次登录时，强制修改厂商默认密码；

③ 系统应定期更换账户口令，对账户口令设置提醒期限和失效期限；

④ 系统应具有登录视频系统失败处理功能，应配置并启用结束会话、限制非法登录次数和当登录连接超时时自动退出等相关措施；

⑤ 前端设备应具备可用于身份验证的唯一标识，包括 MAC 地址、设备序列号等；

⑥ 前端设备应具有登录失败处理功能，连续多次登录失败可对账户或登录 IP 进行锁定；

⑦ 系统应对登录视频系统的用户分配账户和权限；

⑧ 系统、前端设备、终端设备应支持重命名或删除默认账户；

⑨ 系统、前端设备、终端设备应支持修改默认账户的默认口令；

⑩ 系统应对视频系统的数据资源访问配置访问控制策略，规定视频用户对音视频资源的访问规则，未经授权的用户不得下载音视频信息；

⑪ 系统应对用户在修改、删除操作时进行提示；

⑫ 系统、视频终端的操作系统应遵循最小安装的原则，仅安装经过许可的软件和补丁程序；

⑬ 系统应具备对视频系统中的用户信息、设备配置信息等重要信息的本地数据备份和恢复功能；

⑭ 视频终端应具备数字水印，水印内容包括用户名时间、IP 地址、MAC 地址等信息，用于拍照溯源；

⑮ 视频终端应具备水印可调整性，包括颜色、大小、字号透明度等，降低视觉影响。

# 第二节　铁路综合视频监控系统性能与信息传输交换控制要求

## 一、性能要求

### (一) 系统时延要求

视频监控系统的端到端时延应符合下列规定：

(1) 视音频失步时间不应大于 300ms；

(2) 各级转发时延不应大于 50ms；

(3) 当信息经由 IP 网络传输时，端到端的响应延迟时间不应大于 3s。

注：端到端时延是指从用户发起请求到在视频终端上呈现视音频的时延，主要包括请求消息处理、发送端信息编码、网络传输、信息接收端解码、显示等过程需要的时间。

### (二) 视频联动响应时间要求

视频监控系统与其他业务系统联动响应时间应符合下列规定：

(1) 从前端设备接收外部报警或事件信息等触发信号起，到执行相应操作所需的响应时间不应大于 500ms；

(2) 从视频节点接收外部报警或事件信息等触发信号起，到执行相应操作所需的响应时间不应大于 4s。

### (三) 系统运用质量

1. 图像质量要求 (主观测试)

在标准照度下，图像质量应符合下列规定：

(1) 实时监视图像和回放视频图像应清晰、稳定、流畅；

(2) 图像质量应按照主观评价指标体系进行评价。白天单项评分和综合评分均不小于 4.0 分，夜晚单项评分和综合评分均不小于 3.5 分。

2. 数字视频信号

数字视频信号应符合下列规定：

（1）单路画面像素数量应符合下列规定之一。

1080P：1920×1080（200万像素）；

4K：3840×2160（800万像素）

（2）单路画面光学有效像素总数检测值不应低于标称值的90%。

（3）白平衡在3400K和6500K色温光源照明条件下，所得图像RGB的三色值偏差不应大于20。

（4）最大亮度鉴别等级不应小于10级。

（5）色彩还原准确度R、G、B三个色块的色彩还原误差不应超过30%。

3. 视频图像质量诊断指标

视频图像质量诊断指标应符合下列规定：

（1）视频图像质量诊断扫描检测速度不应低于4000路/h；

（2）视频图像质量诊断的事件误报率不应大于1‰，事件漏报率不应大于1%；

4. 视频传输质量要求（客观测试）

视频流经过数据通信网的实时传输质量应符合下列规定：

（1）端到端传输时延不应大于400ms；

（2）时延抖动不应大于50ms；

（3）丢包率不应大于$1×10^{-3}$。

**（四）报警视频预录时间**

报警视频预录时间应支持设置，从5~60s，步长不应大于5s。

**（五）检索回放响应时间**

检索回放视频响应时间不应大于3s，查询输入的起止时间与回放的起止时间差不应大于5s，回放时间与视频显示时间（OSD）的时间差不应大于5s。

**（六）单路媒体流平均存储流量**

单路媒体流平均存储流量应符合下列规定：

（1）在帧率为25fps，采用H.264的压缩编码格式下，图像分辨率为1080P时，单路媒体流的平均存储流量不应大于4Mbit/s；

（2）在帧率为25fps，采用H.265的压缩编码格式下，图像分辨率为1080P时，单路媒体流的平均存储流量不应大于2Mbit/s；

（3）在帧率为25fps，采用H.265的压缩编码格式下，图像分辨率为4K时，单路媒体流的平均存储流量不应大于8Mbit/s。

### (七) 设备管理性能要求

设备管理性能应符合下列规定：

（1）从设备故障发生到视频管理终端呈现报警时间不应大于30s；

（2）设备性能参数采样间隔时间可设定，超出设定阈值时报警呈现时间不应大于5s；

（3）相关设备资产、报警事件信息存储时间不应少于5年；

（4）设备性能数据存储时间不应少于5年。

### (八) 系统接口性能要求

系统接口性能应符合下列规定：

（1）系统节点内接口平均响应时间不应大于500ms；

（2）系统接口可用性不应低于99.9%。

### (九) 系统可靠性

系统可靠性应符合下列规定：

（1）系统的节点设备的MTBF不应小于 $5 \times 10^4$h；

（2）当断电发生时，系统自动保存正在记录的信息；系统自动启动，自动启动时间不应大于10min。

## 二、信息传输交换控制要求

### (一) 信息传输要求

视频监控系统对视频、音频、数据等信息传输、交换、控制时，应遵循本文件规定的通信协议。

视频监控系统在进行视音频传输及控制时，应建立两个传输通道：会话通道和媒体流通道。其中，会话通道用于在设备之间建立会话并传输系统控制命令；媒体流通道用于传输视音频数据，经过压缩编码的视音频流采用流媒体协议 RTP/RTC 传输。

### （二）会话初始协议

安全注册、实时视音频点播、历史视音频的回放等应用的会话控制采用 SIP 协议 IETF RFC 3261 规定的 REGISTER、INVITE 等请求和响应方法实现；历史视音频回放控制采用 SIP 扩展协议 IETF RFC2976 规定的 INFO 方法实现；前端设备控制、信息查询、报警事件通知和分发、设备信息查询，状态信息报送的会话控制采用 SIP 扩展协议 IETF RFC 3428 规定的 MESSACE 方法实现。

SIP 消息应支持基于 UDP 和 TCP 的传输，宜支持 IPv6。

系统平台及设备不应向对方的 SIP 端口发送应用无关消息，以避免应用无关消息占用系统平台及设备的 SIP 消息处理资源。

### （三）会话描述协议

系统有关设备之间会话建立过程的会话协商和媒体协商应采用 IETF RFC 4566 协议描述，主要内容包括会话描述、媒体信息描述、时间信息描述。会话协商和媒体协商信息应采用 SIP 消息的消息体携带传输。

### （四）控制描述协议

系统有关前端设备控制报警信息、设备目录信息等控制命令应采用监控报警联网系统控制描述协议（MANSCDP）命令集。系统控制命令应采用 SIP 消息、MESSAGE 的消息体携带传输。

### （五）媒体回放控制协议

历史视音频的回放控制命令应采用监控报警联网系统实时流协议（MANSRTSP）命令集，实现设备在端到端之间对视音频流的正常播放、快速、暂停、停止、随机拖动播放等远程控制。历史媒体的回放控制命令采用 SIP 消息 INFO 的消息体携带传输。

# 第三节 综合视频监控系统设备

## 一、摄像机

### (一) 按编码形式分类

摄像机按编码形式可以分为模拟摄像机和数字摄像机。

(1) 模拟摄像机：负责采集图像，并将采集到的信息传送给编码器处理成数字信号。

(2) 数字摄像机：负责采集图像，并处理成数字信号，相当于集成编码器和模拟摄像机。

### (二) 按形制分类

摄像机按形制可以分为枪机、半球、球机和其他。

(1) 枪机：拍摄方向固定的摄像机。

(2) 半球：拍摄方向可以现场人工调节的摄像机。

(3) 球机：拍摄方向可以远程控制的一体式摄像机。

(4) 其他：特殊形制摄像机。

枪机与云台组合后，可以实现像球机一样的远程控制改变拍摄方向的功能。另外，根据需要摄像机还可以集成红外、音频和激光等功能。

## 二、编码器

编码器负责收集摄像头所采集到的视频流进行编码，并将图像传送给服务器。目前采用的主流编码格式为 H.264。

监控中主要采用 MIJPEG、MPEC1/2/4、H.264、H.265 等视频编码技术，目前主流的编码压缩技术是 H.264，未来一段时间 H.265 技术将会成为主流。

编码器主要连接的是分辨率为 4CIF 的模拟摄像机，对应的编码率为 2Mbit/s。分辨率更高的为摄像机，如 720P 和 1080P，采用的是内部集成编码器，编码率一般为 4Mbit/s 和 8Mbit。

模拟摄像机通过视频线缆连接到编码器不同的通道接口。在编码器上可以对这些通道配置名称、码流和时间同步。在调阅的视频画面上所看到的名称、清晰度和时间戳与这些配置有关。同样，数据摄像机的名称、码流和时间同步的配置也在其编码模块上。

### 三、交换机

交换机是站点局域网的核心设备，通过交换机可以实现各设备与服务器之间的通信。

在一个站点的综合视频监控交换机网络中，越是靠近服务器的交换机，处理功能就越强大。所有的信息都会向连接服务器的交换机上汇集，因此这台交换机称为该站点的汇聚交换机；其余的交换机一般接入各种摄像机、编码器和客户端，然后通过光缆或网线连接到汇聚交换机，配置一般较低，称为接入交换机。

在高铁车站，汇聚交换机开启三层功能，作为路由器使用。

### 四、路由器

在综合视频监控系统中，路由器的作用是将本站的综合视频网络连接到整个综合视频网络的其余部分，从而实现外地调阅。

在已建成数据通信网的车站，综合视频路由器直接连接到本站数据通信网的接入路由器上，带宽为1000M。

在未建成数据通信网的车站，综合视频路由器通过传输网用2M带宽的链路与综合视频监控网络的Ⅰ类节点或核心节点相连。

### 五、服务器

服务器是综合视频监控系统的神经中枢，整个系统的功能实现都需要经过服务器。它负责信令的处理、视频流存储和分转发，且数据库中存储了所管辖的全部设备的信息。

服务器的功能主要包括管理、存储、分转发以及其他附加功能。

（1）管理功能包括系统的维护管理和信令的处理。

（2）存储功能是将编码器和数字摄像机传来的视频信息按规定格式进行存储。在存储数据量较小的站点，一般通过在存储服务器上增加数个硬盘，形成一个 RAID 来存储数据。如果存储量需求较大，则需要在服务器下加挂磁盘阵列。

（3）分转发功能是将实时视频数据或存储的视频数据按要求转发给用户。

（4）其他附加功能包括分析图像，在发现特定人员或特定地点出现异常时发出告警，利用红外对物体进行测温，对特定对象进行追踪等。

目前服务器主要使用管理、存储和分转发这三个功能，附加功能未启用。在摄像机数量不多的站点，一般将管理、存储和分转发功能集成到一台服务器上使用。在摄像机数量较多的站点，有两种方式，一种是在普速铁路上，设置多台服务器，每台服务器都具有管理、存储和分转发功能，分别管理部分摄像机；另一种是在高速铁路上设置一台管理服务器，管理全站的设备，再根据需要，设置多台集成存储和分转发功能的服务器，分别管理部分摄像机。

## 六、UPS

UPS 负责对整个综合视频监控系统设备提供可靠和不间断的电力，起到保护作用。

当电力输入正常时，UPS 将市电稳压后供应给负载使用，并向蓄电池充电。当电力中断时，UPS 立即将蓄电池中存储的电力逆变成交流电，提供给综合视频监控系统设备，以维持正常运行并保护设备不受损坏。

## 七、客户端

客户端是与用户直接交流的电脑，负责按用户指令向系统提出要求，然后将结果反馈给用户。具体来说，就是用户可以通过客户端，调阅某个摄像机的实时或历史图像，远程操作摄像机转动、聚焦，查看整个系统运行状态是否良好、是否存在告警等。

## 八、磁盘阵列

磁盘阵列是专用存储设备，可以看作服务器下挂的硬盘，用来存储服务器自身硬盘不能容纳的音视频数据。

磁盘阵列分为两种，一种是控制柜，另一种是扩展柜。

## （一）控制柜

控制柜直接与服务器进行交互，并管理扩展柜。具体来说，服务器将要存储的数据发给控制柜，控制柜按照系统的规划，将这些数据存储到自身的硬盘或者下挂的扩展柜硬盘中。

## （二）扩展柜

如果说控制柜是服务器存储的扩展，那么扩展柜就是控制柜存储的进一步扩展。扩展柜不能离开控制柜而单独工作。

由于磁盘阵列中容纳的硬盘数量较多，在写入和读出数据时，常常遇到因为硬盘故障而导致数据丢失的情况。为了解决这个问题，就要引入RAID技术。RAID技术用来保证在出现硬盘故障的情况下，系统依然能够正常使用，给维护人员留下容错余地。常用的RAID分类有以下五种。

（1）RAID0：所有的硬盘组成一个RAID，硬盘空间利用率最大，但无容错能力。

（2）RAID1：把所有的硬盘分成两半，一对一形成保护。虽然容错能力强，但硬盘空间利用率低，只有一半。

（3）RAID5：使用的是Disk Striping（硬盘分割）技术，把奇偶校验数据存放到各个硬盘上，各个硬盘在SCSI控制卡的控制下平行动作。当RAID5的一个磁盘数据发生损坏后，利用剩下的数据和相应的奇偶校验信息去恢复被损坏的数据。

（4）RAID6：RAID5存储方式只允许有一块硬盘出现故障，出现故障时需要尽快更换。当更换故障硬盘后，在故障期间写入的数据会重新进行校验。如果又坏一块，那就是灾难性的。RADI6是在RAID5的基础上为了加强数据保护而设计的，可允许损坏两块硬盘。

（5）RAID10：RAID0与RAID1的混合体，也称为RAID1+0。简单地说，首先创建两个独立的RAID1，然后将这两个RAID1组成一个RAID0。在往其中一个RAID1中存入数据时，另一个RAID1也同时存入数据。

热备盘是一个不参与盘阵的独立磁盘，一旦RAID中的某块磁盘出现问题，可以进行自动替换，同理解为一个"自动换盘"的磁盘。需要注意的是，一个热备盘只能对应一个 RAID，不能跨 RAID 热备。如果热备盘被拔出，需要重新配置热备功能。

## 九、拾音器

拾音器是采集声音的设备。与摄像机配套使用时，可以在视频中加入当前场景的声音，一般用于运转室和售票室。目前使用的拾音器有效范围一般为 $5 \sim 20\text{m}^2$。

## 十、视频光端机

视频光端机主要是与远距离的模拟摄像头配套使用，可以看作模拟摄像头专用的一种光猫。它将模拟视频信号（多路）打包编码，通过 1 芯单模光纤传输到后端机房内，后端光收机按光发机的编码通道将视频信号还原为模拟视频信号，实现模拟视频信号、控制信号音频等信号的长距离传输。目前，视频光端机主要应用在咽喉、站台、候车室等位置的摄像机上。

# 第四节　主要设备技术要求

## 一、前端设备

### （一）摄像机通用要求

1. 一般要求

摄像机应符合下列规定：

（1）应支持 H.265、H.264，宜支持 SVAC 视频编码；

（2）应支持不同码率设定，多码流输出，分档设置分辨率；

（3）应支持日夜模式自动转换功能；

（4）应支持强光抑制及逆光补偿功能；

（5）应支持自动增益控制、自动白平衡调整、背光补偿、自动电子快门、自动光圈功能；

（6）应支持软件集成的开放式 API；

（7）室外摄像机应支持防抖功能；

（8）室外摄像机应支持电子透雾功能；

（9）应支持时间同步功能。

2. 性能要求

摄像机性能应符合下列规定：

（1）摄像机分辨率不应低于 1080P，最大帧率不应低于 25fps。

（2）200 万像素摄像机水平分辨力：当环境光照低于 300lx 时，水平分辨力不应低于 900TVL；环境光照在 0.1lx 以下的水平分辨力不应低于 650TVL。

（3）800 万像素摄像机水平分辨力：当环境光照不低于 300lx 时，水平分辨力不应低于 1800TVL；环境光照在 0.1lx 以下的水平分辨力不应低于 1300TVL。

（4）云镜控制响应时延不应大于 500ms；视频编、解码时延不应大于 300ms，音视频失步时间不应大于 300ms。

（5）最大亮度鉴别等级不应小于 10 级。

（6）摄像机所摄图像周边的枕形或桶形畸变绝对值不应大于 5%（全景等图像拼接摄像机除外）。

（7）具备宽动态能力摄像机，范围不应小于 100dB。

（8）不应小于 2 路码流并发输出。

（9）像面亮度均匀性：产品输出的图像像面周边亮度平均值与中心亮度平均值之比应大于 60%。

（10）守时精度 24h 不应大于 1s。

3. 接口要求

摄像机接口应符合下列规定。

（1）网络接口：应支持以太网接口或光接口，光接口宜采用单模单纤光接口。

（2）音频接口：应支持音频输入、输出口。

（3）辅助接口：宜支持 RS-485、I/O 口。

（4）宜支持 SD/SDHC/SDXC/Micro SD 插槽。

4. 协议要求

摄像机协议应符合下列规定：

（1）应支持 SNMP 协议；

（2）应支持 HTTPS、SSH 安全认证，以及创建证书；

（3）应支持 GB/T28181、ONVIF 相关协议；

（4）应支持 IPv4、IPv6；

（5）应支持 NTP 协议。

5. 视频内容分析要求

具有视频内容分析功能的摄像机应符合下列规定：

（1）应支持同一场景内划分多个防区；

（2）应支持移动侦测、入侵检测、遗留物检测、逆行检测、人车物识别等一种或多种分析类型。

### （二）一体化球形摄像机

一体化球形摄像机应符合下列规定。

（1）传感器靶面尺寸：不应低于 1/2.8″ 。

（2）室外球机应支持无红曝红外，峰值波长为（940±10）nm。

（3）红外灯：累计工作 $3 \times 10^4$ h 光功率下降不应大于 30%。

（4）信噪比不应小于 55dB。

（5）水平预置点速度不应低于 240°/s，垂直预置点速度不应低于 180°/s。

（6）水平键控速度为 0.1°/s~180°/s 可调，垂直键控速度为 0.1°/s~90°/s 可调。

### （三）一体化半球摄像机

一体化半球摄像机应符合下列规定。

（1）可支持红外应用，红外补光距离不应小于 30m;

（2）室外一体化半球摄像机应支持无红曝红外，峰值波长为（940±10）nm;

（3）信噪比不应小于 55dB;

（4）镜头应支持电动变焦功能。

### (四) 固定枪型摄像机

固定枪型摄像机应符合下列规定。

(1) 传感器靶面尺寸：室内固定枪型摄像机不应小于 1/2.8″，室外固定枪型摄像机不应小于 1/1.8″。

(2) 室外固定枪型摄像机应支持无红曝红外，峰值波长为 (940 ± 10) nm。

(3) 信噪比不应小于 55dB。

### (五) 云台枪型摄像机

云台枪型摄像机应符合下列规定。

(1) 传感器靶面尺寸：室内不应小于 1/2.8″，室外不应小于 1/1.8″。

(2) 室外云台枪型摄像机应支持无红曝红外，峰值波长为 (940 ± 10) nm。

(3) 信噪比不应小于 55dB。

### (六) 激光云台枪型摄像机

激光云台枪型摄像机应符合下列规定。

(1) 传感器靶面尺寸：不应小于 1/1.8″。

(2) 光照度低于 10lx 时，应自动开启激光器。

(3) 激光束和摄像机变焦同步，变焦结束后，激光束同步时间不应大于 1s。

(4) 应支持无红曝红外，峰值波长为 (940 ± 10) nm。

(5) 激光衰减：累计工作 $2 \times 10^4$h 光功率下降不应大于 30%。

(6) 不同最远夜视距离下的镜头焦距要求：

① 最远夜视距离为 1500m 时，镜头焦距不应小于 750mm，倍数不应低于 30 倍，通光口径不应低于 80mm;

② 最远夜视距离为 500m 时，镜头焦距不应小于 300mm，倍数不应低于 20 倍，通光口径不应低于 65mm;

③ 镜头内外不应采用 2 倍镜;

④ 焦距误差应小于 3%。

(7) 具有温度补偿功能，当温度变化不超过 (10 ± 35)℃时，图像清晰度下降不应大于 50%。

(8) 防护罩玻璃应采用红外增透和防水防尘镀膜工艺。

(9) 激光器光功率:

① 镜头焦距不应小于 750mm: 光功率不应小于 18W;

② 镜头焦距不应小于 300mm: 光功率不应小于 8W。

(10) 云台载重:

① 焦距 500(含)~1000mm 的长焦摄像机: 云台载重不应小于 50kg;

② 焦距 500mm 以下的中短焦摄像机: 云台载重不应小于 25kg。

(11) 应支持水平旋转角度 0°~360°, 垂直旋转角度 −70°~+20°。

(12) 最大水平旋转角速度不应小于 6°/s, 最大垂直面旋转角速度不应小于 3°/s。

(13) 旋转步长不应大于 0.03。

(14) 应支持长焦限速功能。

(15) 转动次数不应小于 $5 \times 10^3$ 次。

(16) 信噪比不应小于 56dB。

(17) 应支持 PELCO-D 和 PELCO-P 协议。

(18) 摄像机 (含云台等部件) 整体功耗不应大于 210W, 重量不应大于 50kg, 最大外形尺寸不应超过: 750mm (长) × 450mm (宽) × 650mm (高)。

**(七) 非制冷型红外热成像摄像机**

非制冷型红外热成像摄像机应符合下列规定:

(1) 分辨率至少应支持 384×288 或 640×512;

(2) 光谱范围应满足 8~14μm;

(3) 非制冷型红外热成像摄像机所处的环境温度为 23℃±5℃时, NETD 值不应大于 50mK;

(4) 非制冷型红外热成像摄像机所处的环境温度为 23℃±5℃时, 在其特征频率下的最大 MRTD 值不应大于 0.8K。

**(八) 枪球一体摄像机**

枪球一体摄像机应符合下列规定。

(1) 传感器靶面尺寸: 均不应小于 1/1.8″。

(2) 采用一体化设计，同时具备枪机和球机，应支持单 IP 输出和管理，枪机实现静态全覆盖，球机实现动态细节覆盖。

(3) 枪机路宜支持垂直方向电动调节。

### (九) 全景摄像机

全景摄像机应符合下列规定。

(1) 传感器靶面尺寸：不应小于 1/1.8″。

(2) 应采用一体化设计，通过前端拼接方式将 2 个及以上传感器图片整合为一张 180° 的全景图片，以实现区域的全景覆盖。

(3) 可具有云镜控制功能。

(4) 可支持 AR 功能，可与其他细节场景视频监控点位结合，在全景画面中展示。

### (十) 设备箱盒

设备箱盒应符合下列规定：

(1) 箱体材料应采用防腐蚀不锈钢，钢板厚度不小于 1.0mm，表面刻字、喷清漆防护，具有防锈特性，支架及其他附件采用热镀锌碳钢加工制成；

(2) 外部应表面整洁，各零部件安装牢固，不应有明显的凹痕、外伤、裂缝、变形及其他影响使用的缺陷；

(3) 螺钉连接和铆钉连接处应牢固，不应松动；

(4) 应设有安装孔，方便施工安装；

(5) 应采用包括缆线引入配电、防雷、通信接入设备等在内的一体化设计，内部布线合理，设备及缆线有良好的固定措施，外形尺寸适当；

(6) 箱体进/出线口应有防割线措施，进/出线口的位置应隐蔽安全，并方便线缆出入；

(7) 内部设备布局应符合电磁兼容性要求，在箱体内部应设置进出线缓冲区和布线框架。

## 二、视频节点设备

### (一) 服务器

服务器应符合下列规定：

（1）视频节点采用云计算技术服务器时，配置为双 CPU，单 CPU 不应低于 10 核 20 线程，内存不应低于 256GB，网卡不应低于 2 个 10GE 口；

（2）视频节点采用非云计算技术服务器时，配置为单 CPU，且不应低于 10 核 20 线程，内存不应低于 64GB，网卡不应低于 4 个 GE 口；

（3）系统盘应具备 RAID1 保护机制，SSD 单盘容量不应低于 480GB 或 SAS 单盘容量不应低于 1TB；

（4）根据需要配置数据存储盘，数据盘容量不应低于 8TB；

（5）应支持远程管理、远程配置、远程启停机；

（6）应支持 SNMP 协议，采用其他协议时应开放接口；

（7）应具备冗余电源。

### (二) 云存储设备

云存储设备应符合下列规定：

（1）双 CPU、单 CPU 不应低于 10 核 20 线程；

（2）内存不应低于 64GB，并应支持扩展；

（3）系统盘应具备 RAID1 保护机制，SSD 单盘容量不应低于 480GB 或 SAS 单盘容量不应低于 1TB；

（4）数据盘不应低于 24 个硬盘槽位，并应支持 SATA、SAS 硬盘混插，应支持硬盘热插拔，宜支持不同容量硬盘混插；

（5）单块数据盘容量不应低于 8TB；

（6）应支持基于纠删码等技术的数据容错保护机制；

（7）网卡不应低于 2 个 10GE 口，宜采用 4 个 10GE 口；

（8）应支持远程管理、远程配置、远程启停机；

（9）应支持 SNMP 协议，采用其他协议时应开放接口。

### (三) 磁盘阵列

磁盘阵列应符合下列规定:

(1) 应支持 SATA 或 SAS 等硬盘,应支持配置容量扩展;

(2) 应支持硬盘在线热插拔;

(3) 应支持热备盘技术;

(4) 应支持 RAID5、RAID6 等硬盘管理技术;

(5) 网口速率不应低于 1Gbit/s,网口数量不应低于 4 个;

(6) 存储模型设置在 30% 读、70% 写的情况下 (含 20% 随机读写),读写能力不应低于 120MB/s;

(7) 应具有不停机维护和不停机在线调整功能;

(8) 应支持远程磁盘系统管理、系统设备统一管理;

(9) 应支持 SNMP 协议,采用其他协议时应开放接口;

(10) 应具备冗余电源。

## 四、视频终端设备

### (一) 视频终端

视频终端应符合下列规定:

(1) CPU 不应低于 12 核 20 线程,最小核基础频率不应低于 1.6GHz;

(2) 内存不应低于 16GB;

(3) 硬盘容量不应低于 1TB;

(4) 应支持 DP/HDMI/VGA/DVI 视频输出接口,宜采用 6GB GDDR6 及以上独立显卡;

(5) 应支持音频输出接口;

(6) 显示器分辨率不应低于 1920×1080,屏幕刷新频率不应低于 60Hz,尺寸不宜小于 21in;

(7) MTBF 不应小于 $5 \times 10^4$h。

**(二) 视音频解码设备**

视音频解码设备应符合下列规定：

（1）应支持 10/100/1000 M Base-T 以太网接口、BNC、HDMI、DVI 或 VGA 等接口；

（2）档次和级别不应低于编码设备支持的最高档次和级别；

（3）解码后的视频分辨率、奇偶场应与原始视频一致；

（4）解码后的声音应与原始声音一致；

（5）应支持 SNMP 协议；

（6）MTBF 不应小于 $5 \times 10^4$ h。

# 第五节　综合视频监控系统故障处理

## 一、故障处理准备

应急处理需要清楚详细的台账资料，用来厘清系统的组成和各设备的对应关系。常用的资料如下：

（1）相关工程竣工资料、验收测试记录。

（2）视频监控系统组网图。

（3）传输通道、路由径路图。

（4）室内设备布置和配线图。

（5）IP 地址分配表。

（6）设备运用台账（重要的是要表现出模拟摄像机与上级编码器的对应关系；编码器、数字摄像机及控制柜与上级服务器及接入交换机的对应关系；扩展柜与上级控制柜的对应关系；各摄像机录像与服务器盘符的对应关系；Ⅱ类节点与Ⅰ类节点的对应关系）。

（7）设备技术资料（含说明书、维护手册、操作手册等）。

（8）仪器仪表使用说明书。

（9）应急预案、作业指导书。

## 二、故障定位思路

### (一) 定位故障原因

第一，在系统开通后，模拟摄像机将一直向其上级编码器发送视频数据，但是如果模拟摄像机损坏或附属缆线损坏，那么发送的数据编码器就不能收到，编码器发送给服务器的图像数据就是全0数字。用户在调阅时，服务器给出的回应是一幅什么都没有的图像，表现出来的就是黑屏。数字摄像机的图像采集部分出现的故障与此类似。

第二，如果编码器或者数字摄像机的编码部分出现问题，那么它发送给服务器的图像数据连全0数字都不是，直接为空。用户调阅时，服务器回应这一路图像暂时找不到，还在继续查找，表现出来的就是卡在"视频流获取中"。

第三，用户在调阅时，服务器发生故障，对用户的要求不予回应，表现出来的就是"找不到视频源"。

第四，用户调阅时，能调阅到实时图像但不能调阅到历史图像，表明服务器功能正常，但存储的数据丢失，查找不出来，这个时候需要定位到磁盘阵列。

定位到大概的设备类型后，就可以利用故障范围来定位故障地点。

### (二) 定位故障地点

第一，如果是单个摄像机障碍，直接定位。

第二，如果是某站点一片摄像机故障，需要确认此站点是同一个服务器或者同一个接入交换机，如果是有多台服务器的站点，还需确认它们是不是同一个服务器。

第三，如果是Ⅱ类节点全站摄像机故障，查看此站服务器，汇聚交换机、路由器或UPS。

第四，如果是一片相邻站点故障，查看这些站点的上级Ⅰ类节点，与Ⅱ节点方法相同。

第五，如果是集团公司全部都出现问题，查看核心节点，与Ⅱ节点方法相同。

定位地点完成之后，就可以利用 PING 和 TRACERT 来核实。PING 和 TRACERT 不仅可以用来查证编码器、路由器 (三层交换机) 和服务器是否在线，还可以查证网络运行状态。一般方法是由前面定位出来的设备类型和位置，对相关设备进行测试，查看是否畅通或者丢包率是否合格。

### (三) 故障处理思路

在应急处理时，应注意不要扩大故障范围。

处理各种故障时，应事先定位故障，对故障有一个基本认识后，才能在出发时携带正确的工器具和备品备件。

在处理时，应先查证各相关设备的运行指示灯，确认故障部件。如果是缆线问题，注意防松、防脱风险；如果是缆线损坏，立即更换缆线；如果是设备问题，重启设备试验；如果设备重启不能恢复，检查设备的配置；如果配置没有问题，则更换端口；如果是网络设备出现问题，可以更换端口试验，在更换端口时，应注意修改相应的配置数据。

服务器出现问题需要重启时，应先选择软重启，即结束正运行的综合视频程序和服务，重新启动程序和相关服务，如不能恢复后再硬重启。

在服务器与其下挂的磁盘阵列都需要重启时，应先关闭服务器，再关闭磁盘阵列。开机时应该先开启磁盘阵列，再开启服务器。

# 参考文献

[1] 国家铁路局发布.铁路通信工程施工质量验收标准 [M].北京：中国铁道出版社，2020.

[2] 中铁电气化局集团第三工程有限公司.高速铁路通信工程细部施工工艺手册 [M].北京：中国铁道出版社，2019.

[3] 周流平.铁路通信线路施工与维护 [M].北京：中国铁道出版社，2021.

[4] 中国铁路上海局集团有限公司上海通信段.铁路基建工程通信配合指南 [M].北京：中国铁道出版社，2019.

[5] 龚云雷，刘平.现代有轨电车通信信号工程施工技术 [M].成都：西南交通大学出版社，2019.

[6] 中国铁路济南局集团有限公司.铁路营业线施工安全相关知识 [M].北京：中国铁道出版社，2022.

[7] 李丽萍，冯晓芳.铁路通信信号技术与系统研究 [M].长春：吉林科学技术出版社，2022.

[8] 熊磊，蒋文怡，陈霞，等.铁路宽带移动通信系统（LTE-R）关键技术 [M].北京：中国铁道出版社，2020.

[9] 谢丹，赵慧.铁路综合调度通信系统.[M].成都：西南交通大学出版社，2019.

[10] 中华人民共和国国家铁路局.铁路数字移动通信系统（GSM-R）总体技术要求 [M].北京：中国铁道出版社，2020.

[11] 谢健骊，林俊亭，高云波，等.高速铁路卫星通信系统与应用 [M].北京：中国铁道出版社，2021.

[12] 铁路货车运行安全监控系统运用与管理编委会.铁路货车运行安全监控系统运用与管理 [M].北京：中国铁道出版社，2023.